本書は２００６年10月、小社より刊行された『頭がいい親の13歳からの子育て』の一部内容を訂正、加筆し、改題したものです。

はじめに

子育てに失敗はありません。

大切なのは、結果にばかり気をとらわれることなく、なぜそうなったのか原因を突き止めて、そこから子育てのやり直しをすることです。足りなかったところをもう一度やり直していけばいいのです。

〝ケガの功名〟という言葉もありますように、親も子どもも、失敗したからこそ学べることがたくさんあるのです。

それには、「体が大きくなってくるにつれて、何を考えているのかわからなくなってしまった」と嘆く前に、思春期の子どもの心と体について、しっかりとした「知識」をもつことです。

百人の子どもがいれば、百通りの子育てがあるのでしょうが、子どもが一人の人間として成長していく過程には共通した原則があることも見逃せません。

子どもを思う親の愛情、そして親子の信頼関係が大切なのはいうまでもありません。それに加えて、子育てのための確かな「知識」に基づいて、よりよく子どもを導いてあげることが求められているのです。

このごろの子育てには、とくにこの点が見失われているように思えてなりません。しかも、思春期の子どもが起こす問題は、親の想像をはるかに超えて多岐にわたり、ますます深刻度を増しています。不登校、引きこもり、家庭内暴力、いじめ、校内暴力、援助交際、薬物乱用、恐喝、窃盗、家出など枚挙にいとまがありません。

さらに気になる点として、表面上は特別の問題がないように見える子ども、いわゆる〝いい子〟〝ふつうの子〟が問題を起こす傾向が増えてきていることです。

思春期、とくに13歳くらいからは子どもの時代に別れを告げて大人の世界に入っていく時期で、子どもたちは心身ともに激しい変化にさらされます。

子ども自身はもちろん、親にとっても、この思春期という人生の大波をのり越えていくには相当なエネルギーが必要です。いったいどうしたら、そんなエネルギーを備えておくことができるのでしょうか。

私たち双子の姉妹（木村慶子と高橋愛子）の生まれ育ちには、ふつうの姉妹以上に共通したバックボーンがあると思いますが、成人してからは小児科医として、またカウンセラーとして、それぞれ異なる分野で子どもたちや、その親御さんたちと接してきました。

同時に私たち自身も親として自分の子どもたちに向き合い、子育てという共通のテーマを探っていくうちに、親がもう少し子どもの成長について確かな「知識」をもつ必要があるのではないか、という一致した考えをもつようになりました。

とくにこの本では思春期の子どもの心と体について取り上げていますが、なかでも思春期の入り口（前思春期11〜12歳）は、子どもの時期が乳児として誕生（「第一の誕生」）してから、もう一度誕生し直す「第二の誕生」の時期なのです。

生まれたばかりの赤ちゃんは、無言のうちに母親と「心の絆」、すなわち信頼関係を結ぼうとします。それが人生を生きる基盤になるからです。母親が抱っこしたり、頬ずりしたりすると、その温もりで赤ちゃんの心は母親のなかに溶け込み、安らいだ気持ちになります。

子どもの成長段階には、そのような親子の絆をもう一度結び直す機会があります。それが、「第二の誕生」である思春期の入り口なのです。

小学校の3、4年生の妹さんは元気なのに、いままで活発だった5、6年生のお兄ちゃんのほうが赤ん坊っぽく見えることがあります。

それは、いよいよ思春期を迎えて子どもから大人に生まれ変わっていくスタート時点に立たされたものの、情緒的には不安で不安でたまらず、まさしく〝大人の赤ちゃん〟のようになっているからです。

ここは、子どもが母親に甘えられる最後の時期なのです。いよいよ大人として飛び立つための自分探しに一人で突入して行かなければならない。その前に、もう一度、母親との精神的なつながりを確認しようとするのです。

第一の誕生である乳幼児期に親子の葛藤があった場合には、なおさらこの時期に親との絆を確かめようとするでしょう。

親の気持ちとしては、体が大きくなり大人に近づいたなと思っていたのに、やけに子ども返りしているようで心配かもしれません。しかし、そんなときこそ、しっかり抱きしめて母親の愛情を確認させてあげる、信頼関係を確認させてあげる、安心させてあげることが、子どもの大きな力になります。

それこそ、微妙に危うく揺れ動きはじめる13歳からの心を支える基盤になるのです。

そのためにも、子どもが思春期を迎えるころになったら、親は子どもが生まれたときの親の気持ちに戻ることをおすすめします。目の前の子どもに〝ないこと〟〝できないこと〟ばかり期待していないか、ちょっと振り返ってみてください。もしそうならば、子どもも親も不安になるばかりです。

それよりも、いま目の前の子どもに〝あること〟〝できること〟に目に向けてください。それが見えてくれば親の心には安心感が広がってきます。その気持ちは、思春期で心が揺れている子どもにも必ず伝わります。

本書は、前著『頭のいい親の13歳からの子育て』の改訂版として出版したものです。思春期を迎える子どもに対して親としてどう向き合ったらいいのか、さらに新しい情報も加えて、読者のみなさんがいっしょに考えていただけるように工夫してあります。

子育て全体において、とりわけ13歳前後からの子育てにおいてぜひ知っておいてほしいことをさらに充実させ、確かなガイドをさせていただきました。子育てに迷ったとき、不安になったとき、これだけの「知識」があるだけでも、きっと子どもと関わり合うヒントをつかんでいただけると思います。

何より、激しく変化する社会環境のなかで、思春期を迎える子どもたちを親として支えるための確かな羅針盤になれば、これ以上の幸せはありません。

もくじ　改訂版　頭がいい親　13歳からの子育て

1章　13歳からの危機に立ち向かうには

2章 これだけは知っておきたい子どもの心と体

3章 「第二の誕生」から始まる思春期こそ親のサポートが必要

4章 思春期には自立を助ける親の配慮が重要

5章　親のカウンセリング・マインドが大切

6章 これからの日本の子育て・教育の基本

カバーデザイン◆中村　聡
本文デザイン◆宮下やすこ

1

13歳からの危機に立ち向かうには

☆13歳からは〝自分探し〟の戦場

・あんなに素直だったB君が思春期に入ったとたん急変

13歳になり中学生になったころからB君の様子が急に変わりました。親が話しかけても返事はありません。家族と顔を合わそうともしません。B君には姉と兄がいますが、ほとんど会話を交わそうとはしません。

最初、親はいよいよ思春期に入ったんだと思いましたが、その変化には戸惑いました。学校でもかなり振る舞いが荒れているようでした。

小学生までのB君はとても素直で、手がかからない〝いい子〟でした。お母さんは、上の二人の子どもが小さいころは、ご主人との関係が安定していたこともあって、けっこう甘えさせながら育てることができました。

ところが、三番目のB君が生まれたころから夫婦関係がうまくいかなくなったこともあって、B君に気持ちを向ける余裕がほとんどなかったようです。それでも素直に育っていくB君を見ていて安心していました。

本当は、B君の心の中には満たされない寂しさが横たわっていました。僕も、姉や兄のように親から認められたいと強く望んでいたのです。中学校に進むことになったとき、B君があこがれていた叔父さんが、お祝いに海外の高級な置き時計をプレゼントしてくれました。高級時計も嬉しかったけれど、何よりあの叔父さんが僕のことを認めてくれたという喜びが大きかったのです。

そんなある日、お母さんが「時計はお兄ちゃんにあげてね」とB君に言ったまま、その時計を持っていってしまったのです。B君は時計が無くなったことよりも、あんなに親から認められたいと思っていた自分の気持ちが否定されたことにショックを受けました。しかも、思春期にさしかかったB君は自分探しの戦場で一人戦い始めていました。

結局、誰も僕の気持ちなんか受け止めてはくれないんだと思い込み、親や兄弟に激しく反発し始めました。「どうせ俺なんか、この家では必要とされていないんだ」「どうせ俺なんか、この家のカスなんだ」という思いが渦巻いて、荒れる一方でした。

お母さんが時計のことを言ってきたとき、自分の気持ちをぶつけていれば、そこまでB君の心が荒れ狂うことはなかったでしょうが、それまで〝いい子〟でいるから親が認めてくれていると思って過ごしてきたB君は、その場でお母さんに気持ちをぶつけることはできなかったのです。

この時期の子どもと向かい合うには、何より気持ちを汲み取ってあげることが大切なのです。ここで、もう一つ、やはり13歳を迎えたS君のお話をします。

・不安いっぱいの母親の気持ちが揺れるS君の負担に

S君は、学校へ行っても規則を守らない、授業にも集中できない、家では何かと親に反発し、話しかけてもムスッとしているだけで応じようともしなくなりました。

お母さんは、このままでは将来が心配でたまらず、不安が大きくなるばかりでした。早

く何とかしないと、と焦る気持ちで、しっかり勉強しなさいとS君に言葉をかけますが、まったく応じようとはしません。それどころか、「クソババア」とののしり、ますます反発するばかりでした。

じつはS君は、小学校時代は、とても素直で〝いい子〟でした。親の言葉にも従順でした。そんなS君に何が起こっているのか、何を語りかけてあげたらいいのか。これまでのS君からは想像できないような姿に、お母さんは戸惑う毎日でした。

ある日、S君が学校に出かけた後、お母さんは、S君の部屋を片付けているうちに、ここで一人何を考え、何を感じているのだろうかと思い、彼のベッドに横になってみました。

そこにしばらくじっとしたままS君の気持ちを想像してみたのです。

あの子は、このベッドに寝ながら、どんな音楽を聴いているのだろうか、どんな気持ちであの天井のしみを見つめているのだろうか、親にどんな言葉をかけてほしいと思っているのだろうか。

これまではS君が親の言葉を素直に聞いていることに安心していたが、それは〝仮面の素直さ〟だったのかもしれない。もっと自分を主張したいときもあったのかもしれない。もっともっと自分をさらけ出して本当の自分を受け入れてもらいたかったのかもしれない。そして、いま、13歳を迎えて〝自分探し〟の戦場というもっとも困難な状況のなかで一人立ちしようと戦っている。

そんなS君の姿が、ベッドに横たわっているお母さんの心に浮かんできて、何かとても愛《いと》おしくなりました。

ただでも不安定になりやすい精神状態のなかで、一人〝自分探し〟に立ち向かっているS君にとって、不安でいっぱいの母親の気持ちは、どれほど負担になることだろう。だったら、もう心配するのはやめよう。何よりS君がこの家庭で今日という日を納得して楽しく過ごしてくれればいいんだ。

S君のベッドに横になっているうちに、お母さんはそんな気持ちになれたといいます。ご主人とも話し合って、ご主人の中学時代には、どんなことを感じていたか、何を迷い悩んでいたか、さらにはいま、大人になって仕事をしていてどんな人に出会い、どんなことで不安や悩みを抱えているか……そんなことを率直に語りかけてくれるように頼みました。

こうしたお母さんやお父さんの変化にS君も気づいたのでしょう。親の反応を確かめるように、自分の気持ちをぶつけてくるようになりました。そして、自分をさらけ出しても、その自分を受け入れてもらえると実感できたのだと思います。生きいきとしたS君の姿を毎日見ることができるようになりました。

S君のような姿は、思春期の子どもがいる家庭では、よく見られるものかもしれません。なかには、もっとエスカレートして、不登校や家庭内暴力、拒食症、援助交際、家出、万引きといった問題を起こす場合もあるでしょう。そんなわが子の姿を見た親御さんからは、「うちの子に限って、どうしてこんなことに」と戸惑う声を聞くこともよくあります。

だからこそ、親として絶対に見逃してならないことがあります。それは、思春期を迎えて、そこまでやってしまうほど追いつめられた子どもの気持ちです。〝自分探し〟に立ち向かっていかなければならない不安や葛藤でいっぱいになった心を一人で抱えて戦っている子どもの気持ちです。

・切ないほどに親を求めるY子さんの心の叫び

思春期を迎えたY子さんが父親に〝遺書〟と題して書き送った一通の手紙があります。この家庭では、お母さんの体が弱いこともあって、お父さんが仕事から帰ってきて家事をやることが多かったようです。どうして自分だけここまでやらなければいけないのかという不満があって、お父さんは疲れると子どもの前で愚痴を言うことがよくありました。それが思春期を迎えた彼女の気持ちにはとても負担になっていたのです。

お父さんにしてみれば、必要な物は買い与え、家庭のためにもできるかぎり尽くしていると思い込んでいたのです。この手紙を読むと、そうした父親の思い込みと、子どもが親に本当に求めているものがいかにくい違っていたことか、それがY子さんにはどれほどつらいことだったたか、彼女の心の叫びが痛いほど伝わってくるのです。

〈Y子さんの手紙〉

人の気持ちがわからず大切なことが見えないのは、お父さんのほうだよ

ナイフを取り上げられたあとも、私の死にたいという気持ちは変わっていない。私はお父さんといっしょにいると、とても苦しい。「お前のやりたいことをやれ」と言うお父さんの言葉を聞くのが私はいやだ。もちろん、私にだってやりたいことはたくさんある。でも、中学2年のときにお父さんから「オレの努力をムダにするな」と言われたことが原因で、私は何もやる気が起こらなくなった。

お父さんは、お母さんに対しても、まるで召使いのようにしていませんか？　お父さんは、たしかにいろいろなことでお母さんを助けているようだけど、お母さんの元気がなくなったのは、何でも自分の思いどおりにならないと滅茶苦茶に怒りつづけていたお父さんのせいだ。自分は絶対に正しくて、特別に偉いんだよね。

お父さんはストレスがたまって限界になると、お母さんにひどいことを言って傷つけている。お父さんは、せっかく一所懸命やっているのに最後にはひどい言葉をぶちまける。努力をムダにしているのはお父さん自身ではありませんか？

この5年間、私がお父さんのことがいやで家出をするたびに「悪かった、許してくれ」のくり返しで、そのつど私はお父さんのことを信じて帰ったけど、毎回裏切ってくれるよね。私がただ、お父さんが怒るということだけをいやがっていると思っていたの？

本当にいやなのは、怒るたびに毎回ひどく、私の心を傷つける言葉を言うからだよ。私の願いは一つだよ！「世間体や自分中心の考え方を変え、怒ったりしないで笑っていてほしい」。それが私の願い。

お父さんが家族のために、いくら物を買ってくれても、後で不満を言って怒るのなら、やってくれないほうがいいと言われても当然でしょう。怒り狂ったお父さんの声や顔を思いだすたびに、私は心臓が苦しくなって体中が震えて止まらなくなってしまう。何をやろうとしても苦しくていやになってしまうの。

小さなことにこだわり、本当に大切なことを見ようとしてくれないのは、お父さん一人だけだ。もう人のせいにはできないよ。私が学校に行けないのは、私の心が弱いからだと文句を言う前に、お父さん自身が考えてほしい。

私たち子どもにとってのお父さんは、物質的な面で満たしてはくれても、いくら立派なことを言っても、精神的には私を追いつめるばかり。ただの一度だって私たちに「ありがとう」って言ったことある？

大嫌いだよ。それは私ばかりでなく、下の弟や妹にとっても同じだよ。私たちの態度でそう感じない？

あまり安心していると見限られるよ。

本当は、弟や妹だって早く家出したいと思っているんだよ。それは家の中が重苦しい空気で満ちているからだ。そう言うと、お父さんはすべてお母さんのせいにするよね。たとえお父さんがお母さんを受け入れようとしなくても、私たちは受け入れている。

お父さんがこのままでいるくらいなら、単身赴任してくれたほうがましだよ。これは、私たちの切実な願いだよ。

この手紙にこめられたY子さんの心の叫び、それは子どもが親に対して切ないほどに求めているものが何かを教えてくれているように思います。自分の心の悲鳴を聞いてほしい、自分の内面にもっと興味、関心をもってほしい、自分を傷つけてきたことを自覚し反省してほしい、親に変わってほしい、そして、もっと自分に共感してほしい。

私たち親は、このような子どもの気持ちを受けとめる感性をもっているでしょうか。

☆「私を愛してほしい」と「お母さんが幸せでいてほしい」

Y子さんだけでなく、いまの子どもたちを見ていますと、親に自分の本当の気持ちがわかってもらえないという心の叫びが聞こえてくるような感じがします。悔しさや寂しさ、悲しさなどを一人で抱えているうちに、もうそんな思いを何度も味わうのはいやだと自分を防衛するために、突然周囲を驚かせるような行動に走るのだと思います。

そうした子どもたちが自己防衛のためにとる行動はもちろん、子どもの性格などによっても違いますが、それでもいくつかのタイプに分かれます。

一つは、どうせわかってくれないのだから、もうどんなアプローチもするものかと親を見切り、感情を殺してしまうタイプです。しだいに心が疲れきて、生きる力が弱くなっていきます。こうした気質の子どもが陥りやすいのが、引きこもりや拒食症などです。

もう一つは、わかってくれないのなら、ただではおかないと反抗や復讐《ふくしゅう》というかたちで

行動に出るタイプです。このタイプには、本来活発な気質の子どもが多く、家出や万引き、校内暴力などで、もやもやした気持ちを晴らそうとします。

さらに、感情を押し殺そうが、反抗や復讐を試みようが、何ら改善がみられないと、寂しさや不安がますます深まり、ついには生きていてもしかたがないと自殺に踏み切ってしまうタイプです。

この場合には、社会をも巻き込んで自殺をはかるという最悪のところまでいくことさえあります。

では子どもは、親にどんな気持ちをそれほどまでにわかってもらいたがっているのでしょうか。「私を愛してほしい」「私を認めてほしい」というのは、子どもとして自然な気持ちです。それと同じくらい、親が「幸せでいてほしい」「不幸であってほしくない」という気持ちが子どもの心を動かしているのです。親に愛されているという気持ちは、子どもがこの世に安心して生きていくためにもっとも必要なものです。これは、ふつうならば生後1年までに、母親とのアタッチメント（愛着）の形成による信頼感に基づいて獲得されていきます。ところが、スキンシップの不足などで、これがうまくいっていないと、その欲求をずっと引きずることになります。

身長が母親を超したからといって、もう母親の愛情はいらないということにはならず、何としても親に好かれたい、認められたい、早く帰りたくなる家であってほしいと、その思いが叶うまで、心は叫びつづけるのです。

その思いと同じくらい強いのが、母親自身の幸せをひたすら願う気持ちです。母親の不幸は何を置いても許せないと強烈に思っているのです。ときには、その子の人生における最大の目標が、母親を幸せにすることであったりさえします。

思春期の子どもの問題に向き合っていると、きっかけはそれぞれのケースで違うにしても、自分自身にこだわる気持ちと、親に向ける気持ちが、子どものなかにはいっしょにドーンと横たわっているのを見ることがよくあります。

このような子どもの気持ちを逃げずに真っ正面から受けとめてあげると、子どもは自分の気持ちをはき出して、前に進めるようになるのです。

・母親の悲しむ姿がつらくて不登校になったK子さん

K子さんも、そんな気持ちの強い中学1年の女生徒でした。K子さんが通っている現在の公立中学は転校してきたばかりですが、前の学校がいいと言って、いまの学校になじめないでいました。そのうち学校に行かなくなり、夕方になると遊び友達に会いに外出するという生活をくり返すようになりました。

お母さんとしてはとにかく心配で、遊び友達について調べることにしました。すると、彼女たちがどうも援助交際をしているといった噂が耳に入ってきたのです。

お母さんはもう、びっくり仰天。自転車で街を駆けずり回ってK子さんを見つけだし、家に連れ戻して、じっくり話をしたといいます。

話しているうちに、K子さんの口から思わぬ言葉が飛び出してきました。じつは1年前に、この家ではご主人が亡くなり、お母さんは涙に暮れる日々を送っていたのですが、K子さんとしては、母親の悲しむ姿を見るのがつらくてたまらなかったというのです。

そのつらさに何とか耐えていたところに、この新しい学校に転校することになり、なじめないというつらさが重なりました。ここでついに気持ちがもちこたえられなくなってしまったらしいのです。でも、援助交際はしていないことがはっきりしました。

お母さんは素直に謝りました。「あなたは耐えてくれていたのね、どんなにつらかったことか、ごめんなさいね。もう泣かないで、明るく前を向いて歩いていくから、許してね」と。それからは、お母さんはいつも笑顔を絶やさず、活動的に振舞うように努力しました。やがて、K子さんは学校に行くようになり、いまではすっかりクラスに溶け込んでいます。

お母さんやお父さんが、元気がなかったり不幸であったりすると、子どもは人知れず、ひどく心を痛めますし、子ども自身のエネルギーも弱くなってしまうものです。親がまず、自分を元気にして楽しく過ごすこと、それこそ、子育てにはとても重要なことなのです。

☆親の気に障《さわ》る子どもの行動には意味がある

親は、子どもの行動がやけに気に障ってイライラすることがあります。そんなときは子どもの何が自分の感情を強く刺激しているのか、注意深く見つめる必要があります。それが、子どもの行動の意味を知るうえでとても重要な情報源となるからです。

①親が子どもの行動に〝イライラを感じる〟としたら、それは子どもが〝注目を集める〟ことを願っているためと考えてください。
②親が子どもの行動に〝負けたと感じる〟としたら、それは子どもが〝力を誇示する〟ことを願っているためと考えてください。
③親が子どもの行動に〝深くキズつけられたと感じる〟としたら、それは子どもが〝復讐する〟ことを願っているためと考えてください。
④親が子どもの行動に〝どうすることもできないと感じる〟としたら、それは子どもが〝無能さを示す〟ことを願っているためと考えてください。

ではなぜ、子どもはこうした行動をとるのか、それに対して親はどのように対応したらよいのか、一つひとつ考えてみましょう。

○〝注目を集める〟

〈なぜか〉

自分はほめられない人間だと決めこんでいる子どもは、わざと悪さをして自分に注目が集まるときだけ、自分が必要とされていると感じます。好ましくない行動をとる子ども、無気力な子ども、怠け者の子どもは、この目的のためにそうしているのです。

〈どのように対応するか〉

こうした子どもにとって、いちばん耐えられないのは無視されることです。したがって、子どもがわざと注目を引こうとしているときはさり気なく対し、そうでないときに十分注目してあげることです。

無気力な子どもが無気力であるときはそっとしておき、その代わり、どんな些細《ささい》なことでもヤル気を見せたらそれをほめたり、応援したりします。何か役立つような貢献の場を与えてあげることも大切です。

○〝力を誇示する〟

〈なぜか〉

行動を力で押さえられると、子どももまた力の追及者になり、自分の思いどおりになったときだけ、自分は価値があると感じるようになります。言われたことは拒絶し、禁じられた行為をし、反抗し、ウソをつき、激しい癇癪《かんしゃく》などを起こします。

〈どのように対応するか〉

子どもと力比べをしたり、力で押さえつけようとしたりしてはいけません。そんな争いから身を引くことです。

力を求めてくる子どもはたいてい野心的です。この野心を満たすには、目先のことで力を誇示するより、もっと大きな目的のために自分を向上させるほうが有益であると感じられるように導いてあげるといいでしょう。

○〝復讐する〟

〈なぜか〉

人に嫌われ、不公正に扱われ、キズつけられたと感じると、人をキズつけたり、復讐することでしか、自分の存在を確認できなくなります。非行をくり返す子どもは、この復讐をしているのです。

〈どのように対応するか〉

親をキズつけることに躍起になっていますから、親としては、その子からキズつけられたと感じて落胆し、へこまないことです。何より静観することが最良の対処法になります。いずれにしても、復讐に向かっているときの子どもの対応は非常にむずかしいので、場合によっては、専門家に相談することも必要です。

○〝無能さを示す〟

〈なぜか〉

絶望と敗北だけをくり返し経験していると、そのつらさに耐えきれず、これ以上その状態をつづけたくないという思いから、自分の「無能さ」ばかり演じるようになります。それでも周りから要求されたり期待されたりすると、極端にバカげた行動をとったりすることもあります。

〈どのように対応するか〉

親は、このような子どもを前に、どうすることもできないとあきらめてしまいがちです。しかし、あきらめていない、見捨てていないという親の純粋な信念こそ最高の援助になります。子ども自身が自分にも価値があると思えるようになることが何より大事です。そのために役立つ機会や言葉、態度などを考えて接し、勇気づけてあげられるよう心がけてください。「あなたが学校へ行っても行かなくても、あなたのことが世界でいちばん大好きだよ」という気持ちを伝えてあげてください。

以上、親の気に障る子どもの行動で典型的なものを挙げてみましたが、いずれにしても、こうすれば必ずうまくいくという決まったパターンがあるわけではありません。何より日常生活のなかで子どもから発せられているさまざまなサインをしっかりキャッチし、見逃さないようにしたいものです。

子どもの問題に気づいたら、そこから目を背けず、勇気と愛情をもってしっかりと向かい合ってください。そのことでいかに心を痛め、頭を悩ますことになっても、親だからこそできることであり、生きているからこそできることだと思うことです。

子どもの問題と四つに組んで闘い、のり越えていくことは、親自身の心の成長にもつながり、家族の健全化にもつながることが少なくないのです。「有難い」とは〝有る〟が〝難しい（＝むずかしい）〟と書きますが、まさしくそのとおりだと思います。どんなにむずかしい問題でも、もっと悪い状態を思い浮かべて、それに比べれば失ったものは少なかったと考えて心にゆとりをもってください。

☆子どもの気持ちを汲みとるアンテナをもっと高く

子どもの発するサインをキャッチするには、ふだんから子どもの気持ちを汲みとるアンテナを高くしておくことが何より大事です。それはまさしく、こういうものかと感心したことがあります。それは東京の郊外で催されたキャンプに参加したときのことです。

ちょうど夕食の時間でした。一人の女の子（8歳）が、キャンプファイヤーの輪を抜けて、先生のところにやってきました。そして最初は、若い男の先生に「東京はどっち？」と質問したのです。若い男の先生は、「そんなこと言ってないで、みんなといっしょに食事をしなくちゃダメだろ」と言いました。

女の子はその先生から離れ、今度は校長先生に「東京はどっち？」と質問しました。校長先生は「西の方向だよ。西は日の沈む方だから、あっちだよ」と、そちらを指差しました。

女の子はそれでも、その場でぐずぐずしていました。そして、女の先生のところに行って、もう一度同じ質問をしました。すると、この先生は、女の子をギューと抱きしめて「お母さんに会いたくなっちゃったのね」と言ったのです。女の子は表情を輝かせて「ウン！」と言うと、「私もごはんを食べてこよう」と、スキップしながらみんなのもとに戻って行ったのです。

若い男の先生は、集団行動の大切さを教える指導者の立場から命令調で答え、校長先生は耳から聞こえた言葉に対してだけ先生として理性的に答えました。それに対して女の先生は感性で子どもの気持ちを汲みとって答えたのでしょう。それで女の子は、自分の気持ちがわかってもらえたので、気持ちがすっきりして新たな元気がみなぎり、自分で考える力がわき、食事をするという行動に向かっていったのだと思います。

水がいっぱい入ったコップに、さらに水を注ぐことはできないように、何かの思いでいっぱいになった心に、次々に命令や要求をされても、うるさいと思うばかりで、新たな行動をとろうとする気持ちはもてないものです。人は誰でも、自分の気持ちが十分に理解され認められたならば、自分のなすべき行動をしっかり自覚し、その行為へと意欲的に自分を向けていくことができるのです。

子どもが親に話しかけてくる場合も、胸にいっぱいになった気持ちを聞いてもらい、すっきりしたいと思っている場合が少なくないはずです。ですから、子どもの話を聴くときはまず、親自身の心にゆとりをもてるタイミングを選ぶようにします。そのうえで、相手がなぜそういう話をするのか、感性のアンテナをビンビンに働かせて、その気持ちを汲みとってあげられることが、最高の〝聴き上手〟ということだと思います。

すなわち、聴き上手になるには、何よりもまず感受性を豊かにすることです。それには、喜びや楽しみ、苦しみや悲しみなどの体験を積むこと、いろいろな人の話を聞いたり歴史や文学、芸術などに接したりして人間や人生についてより広く、深く知ることが大いに役立ってくれるでしょう。

☆親の対話力も大切

子どもの話を聴くには、ふだんから親子の対話が大切です。

対話というと、語ることに関心がいきやすいのですが、まず必要なのは聴くことです。子どもの気持ちを汲みとるにはよく聴いてあげることです。

そのように心がけるべきだとわかってはいても、実際には子どものことが心配なあまり、子どもの気持ちに寄り添って聴くよりも、自分の思いや考えを言ってしまいやすいものです。

しかし、子どもの側に十分に自分の気持ちを汲みとってもらえたという安心感と信頼感がなければ、親の話は伝わりません。それどころか、この親は何もわかっていないと感じて、もっと心を閉ざしてしまうでしょう。

子どもが自分の気持ちを話し始めるまで、どこまで子どもの気持ちに寄り添い、子どもの気持ちにひたすら耳を傾けて聴くことが必要です。それまで時間がかかっても、あなたの気持ちが聴きたいという思いで、子どもが話し始めるのを待ってください。けっして焦らないでください。

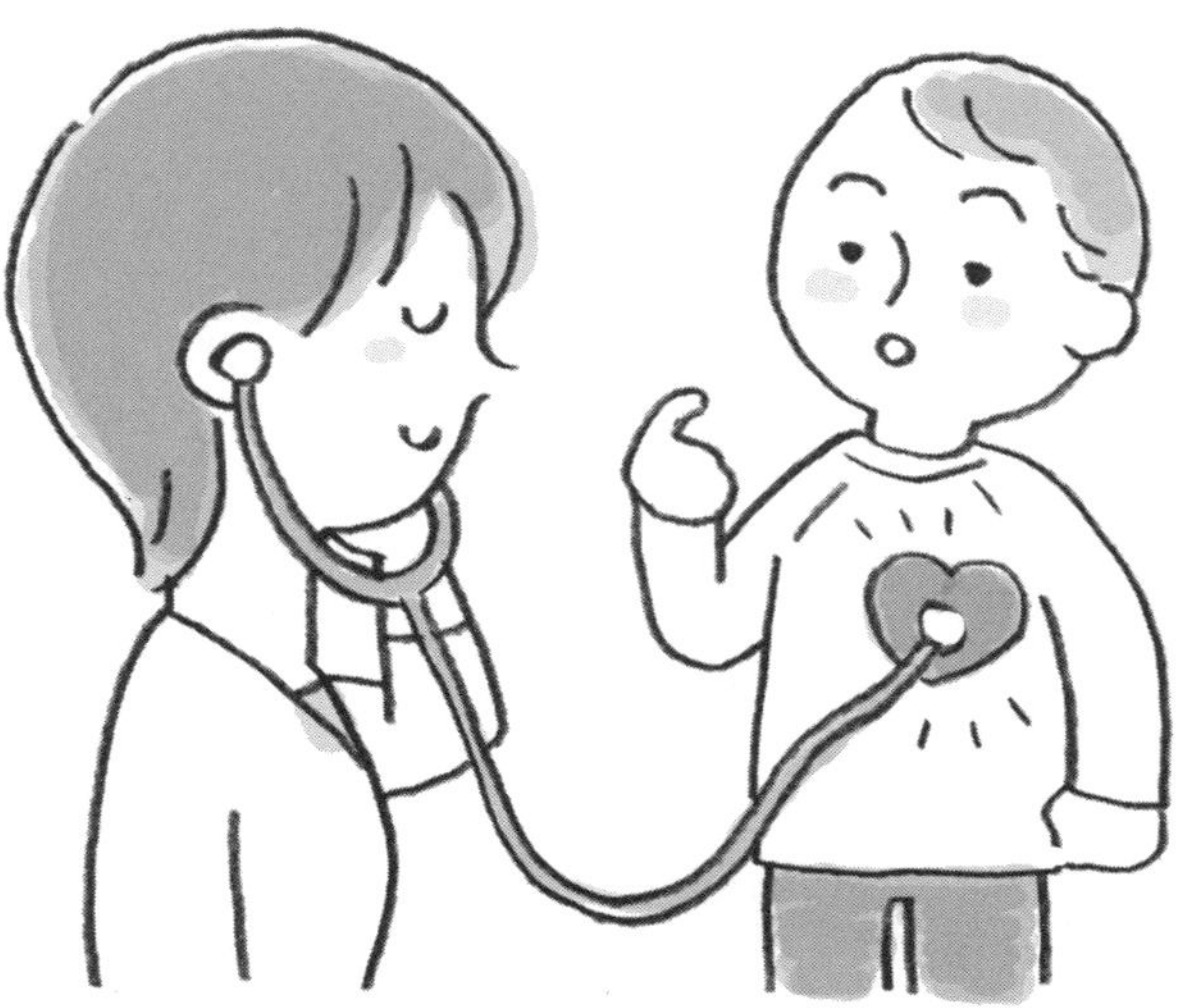

子どもが話し始めたら、あなたはそういう気持ちなんだねとしっかり受け止めます。親の考えや気持ちを語るのは、それからです。「じゃ、お母さんにも言わせてね」と言ってから、「お母さんはね」と私を主語にして（私メッセージ）、「私はこうしてほしいと思っているの」と本音で話しかけます。

一通り話したら必ず「あなたは、どう思う?」と子どもの気持ちをたずねます。

話を終えるときは「話を聞いてくれて、ありがとう」と一言添えることも忘れないでください。

2

これだけは知っておきたい子どもの心と体

□子どもは大人を小さくしたものではない

子どもは大人を小さくしたものではありません。それにもかかわらず、子どもと大人の違い（世代境界）がはっきりしないまま、心身の発達がまだ未熟で判断力の育っていない子どもたちが大人と同じ状況下にさらされています。

そんな日本の子どもにもっとも欠けているのは「社会性」の低さです。子ども時代に、将来立派な大人、社会人になるために必要な発育・発達の段階を経ていないことが最大の問題です。

大きなビルほど基礎工事が必要です。この工事を手抜きすると、ビルが出来たあと必ず不具合が起こってきます。子どもが将来大人として生きていくためにも、子ども時代にしっかりと基礎をつくっておく必要があります。

とくに人間形成の基礎をつくることは、子育てにおいてとても重要です。子どもを育てることは脳を育てることと言っても過言ではありません。

それにはまず、子どもの心と体が発育・発達していくためにどんな段階を辿るのか、そこではどんな子育てが必要なのか確かな「知識」を持つことが必要です。

□「第一の誕生」と心の育ち方

「はじめに」でもふれましたが、人間には「第一の誕生」と「第二の誕生」があります。第二の誕生については、3章でくわしく述べることにして、ここでは第一の誕生について考えてみたいと思います。

第一の誕生というのは、いわゆる母体から胎児が出産というかたちでこの世に出生し、臍《さい》帯《たい》（へその緒）を断たれて母親の肉体から分離する現象をいいます。

このとき、人間の赤ちゃんは他の動物のように、生まれてすぐに歩いたり走ったりすることはできません。そうなるまでには少なくても3年近い年月がかかるわけで、未熟児のかたちで生まれてきているのです。

ですから、出産後の3年間、赤ちゃんは母親の腕の中で子宮にいるのと同じようにして育っていきます。子宮の中では赤ちゃんは羊水に包まれて約10カ月間過ごします。そこは温かく、どんなに蹴飛ばそうと「痛いから出ていけ」と言って追い出されることもありません。胎内から出て行くときが来るまで守られています。母親の左腕と胸と右腕でつくられる三角形の空間は〝人工子宮〟のようなものなのです。赤ちゃんは、そこで温かく育まれる必要があります。

それくらいならば、母親の胎内で3年間育ってから出生してくるほうがいいのかもしれませんが、それでは赤ちゃんの体が大きくなりすぎて出産が困難になります。未熟児のまま出生し親に守られて成長する過程が、人間としての成長にはどうしても必要なのです。見方を変えれば、人間として育つには時間がかかるものなのです。

生まれたばかりの赤ちゃんは、自分では何一つできず、命を親にあずけた状態に置かれています。いたいけな命を守るために、親には一瞬たりとも目を離さないケアーが求められます。

赤ちゃんの側には、こうした状態で生きるための原始的な反射能力が備わっています。口の側に物が触れると乳首を探す動作や、口唇に乳首が触れると吸う動作（吸てつ反射）などですが、赤ちゃんが出生して2カ月くらいの間を生きぬくために神様は、このような配慮をしてくださっているのです。赤ちゃんにこのような本能としての能力が備わっていなければ、お母さんも母乳を飲ませることはできません。

出生後の赤ちゃんにとって、第一の誕生の3年間は、人間としての基礎を形成するもっとも大切な期間です。身体面での成長がめざましいのはもちろん、運動機能や感覚機能、さ

らに精神面でも著しい発達が認められます。すなわち、人間としての心が育つ基礎がつくられる大切な期間でもあることを何より深く理解していただきたいのです。

じつは、子どもの心の発育は生まれてから始まるのではなく、出生以前から母親の胎内においてスタートしているのです。母親の胎内において全身の皮膚感覚を通して心の形成は始まります。

妊娠中の母親の心のあり方として、もっとも避けなければならないのが不安です。たとえば、妊娠中に、ご主人が浮気をするとか、母親の心の中に何かのトラウマが生じたりすると、妊婦はたいへんなストレスを受け、異常な緊張感をもつことになります。そのために、全身の筋肉が緊張します。

とくに子宮の平滑筋がきゅっと縮まると、中の羊水はガタガタと地震が起きたように振動します。そうしてお母さんの不安を胎児はキャッチしてしまうのです。そうしたことが十カ月の間にしばしば起きますと、それが生まれた後の子どもの精神状態にも影響する可能性があります。こういうことは、父親になろうとする男性にもよく理解しておいてほしいことです。

このように生まれる前から心の発育は始まっていますが、生まれた瞬間からは、人と人のつながりでもっとも大切な信頼関係の形成がスタートします。とくに、この時期においては、乳児の母親に対するアタッチメントの形成が第一の発達課題になります。

ボウルヴィの母子関係理論ではアタッチメントの形成について「ある特定の人物と他の特定の人物との間に形成される情愛の絆《きずな》」と定義しています。この場合、ある特定の人物というのを乳児と考えますと、他の特定の人物とは母親もしくは母親と同じ力で子どもを養育する養育者ということになります。つまり、母親と乳児が情愛の絆を結ぶことが何よりも大切な発達課題になるのです。

後ほどくわしく述べますが、心理学者のエリック・H・エリクソンは情愛の絆を「信頼」と呼んでいます。つまり、母親と情愛の絆をしっかり結ぶことで信頼を形成することこそ、子どもが生涯を通じて人と人とのつながり、人と人の信頼関係を築きあげるための基礎になるというのです。

それには、子どもがお母さんといっしょにいれば安心だという実感をもつことが必要です。ただ単に生理的要求の満足を母親に依存しているだけではないのです。お腹が空《す》いてミルクを与えられる。オシメが濡れて取り替えてもらうということだけでは、アタッチメントの形成はできません。

エリクソンは、ライフステージにおける発達課題を8段階に分け、その第一段階における信頼の形成は1歳までにしっかりなされることが重要であると述べています。もし、この信頼の形成がうまくできないと、それに対比する不信が生まれてしまい、その後のライフステージにおける発達課題の獲得に支障をきたしてしまいます。

では、乳児と母親の信頼の形成は、どうしたらうまくできるのでしょうか。ほったらかしにしておいても、うまくできるものでしょうか。決してそうではありません。乳児の側と母親側に、互いにピンポンゲームのように投げかけたり受けとったりする行為がなくてはなりません。

乳児の側からの行為とは、生まれながらにもっている親への愛着を表わす行動です。たとえば、笑うとか泣くとか、しがみつくなどといったように、それらによって母親が乳児に対する気持ちを触発され、乳児が笑えば笑い返し、しがみつけば抱っこしてあげるという関係ができあがっていきます。こうして母親が乳児の発する信号をうまくキャッチして応答すると、乳児は「ああ、この人に自分をゆだねていれば安心だ」という〝効力感〟をもつことができるようになります。このとき、親の側の応答性が低いと、つまり乳児の側からいくら刺激を発しても反応が返ってこないような育てられ方をすると、乳児は「何をしてもムダだ」と無力感を味わい、信頼は形成されません。

一方、母親側からの行為として重要なのは次の四つのことが考えられます。

①スキンシップでぬくもりを体験させる

とにかくしっかり抱っこする、というスキンシップがとても大切です。乳児は、母親の心音、ぬくもり、匂《にお》いを体全体の皮膚を通して感じとり、安心感を得ることができます。母親の左腕と胸と右腕でつくられる〝人工子宮〟の中に抱かれる居心地のよさ、やわらかい皮膚の圧迫感や温かいぬくもりを十二分に体験させてあげることが、初期の段階では非常に重要です。とくに1歳ころまでは、とても重要です。

②乳児のリズムに合わせる

乳児の発するサインを的確にキャッチし、乳児のもっているリズムとうまく調和させることが重要です。母乳やミルクを与えたり、オムツを換えたりするなど、乳児の要求がタイミングよく、きちんと満たされたとき、乳児は母親との絆を体感します。

③一貫した態度で接する

いつも安定し一貫した態度で乳児に接することで、乳児は安心感や一体感をもつことができます。つまり、お母さんは、いつも同じようなやり方をくり返しながら乳児と接する必要があるのです。そうせずに、その日によって違うやり方で接していると、乳児はごたごたした不安な状態に置かれてしまい、体のリズムをつくることができません。

④喜びの気持ちで子どもと接する

最後に、これはたいへん当たり前のことですが、育児に対して喜びをもっているかどうかによって、子どもへの接し方はずっと違ってきます。待ち望んだ子どもを授かった感謝の気持ちは子育てへの喜びにつながっていきますし、それは子どもの成長を左右します。

このような四つの条件のうち、とくに一番目と二番目については、母親自身の子どもに対する感性が問題になります。

子育て全般にわたってもっとも重要なのは、子どもが投げかけるさまざまなサインを即座に感じとり対応できるすぐれた感受性・応答性だと思います。それは、何かマニュアルを読んで身につくようなものではなく、概して、母親自身が子どものころからどんなふうに育ってきたかによって違ってくるものです。

「育ったように育てる」の言葉どおり、非常に可愛がられて育てられた母親というのは、自分の子どもに対しても感受性・応答性がいいように思います。それは、親自身がいかに育てられてきたかが、この感受性・応答性のバックボーンになるからです。

昔から、母親が自分の子どもに行なった育て方の結果を見るには自分の孫を見ることだ、といわれているのも同じことを教えているのだと思います。

そうはいっても、赤ちゃんの時代にどのように育てられたかなど、誰も覚えていないのではないかと疑問に思うかもしれません。それは意識されていないだけで、脳は覚えているのです。ふつう、３歳以前のことを覚えていないのは、それまでは意識的な記憶の保存場所である脳の中の海馬《かいば》が十分に育っていないためですが、３歳以前のことでも感情に結びついた記憶は、脳の奥深くにある扁桃体《へんとうたい》やウェルニッケ中枢に蓄えられているのです。

ですから母親自身が、自分の母親からたっぷりスキンシップを受け、心を通わせて育てられていないと、その記憶はないことになります。そのため、自分の子どもに対する感受性・応答性に支障をきたすこともあるのです。

もし、自分の感受性・応答性に問題を感じ、その原因が自分の母親との関係にあると思える節があるとしたら、そこまで立ち返り、母親との関係を修復することが求められるかもしれません。

そうした場合は、母親を一方的に責めるのではなく、自分の思いを率直に話すほうが関係修復の糸口が見いだせることが多いようです。

次に、三番目の一貫した子育てについてですが、これは母親の気持ちが安定していないとうまくいきません。今日は邪険にしたかと思えば、次の日は必要以上に手をかける。そういう一貫性のないやり方は、母親の心が安定していないために生じます。

同じことは四番目についてもいえます。育児に対する喜びは母親の気持ちが幸福で満たされて安定していなければ生まれてこないからです。

ここではじめて父親の役割が出てきます。それは、母親の気持ちを安定させることは父親の重要な役割だからです。これまで母親の話ばかりしてきましたが、父親の役割が非常に重要であることは、たとえばこんな場面を想像するだけでもよく理解できます。

嫁ぎ先の家族や親族との関係、何かのトラブル、経済的な心配事など、母親の気持ちを不安定にするものはいくらでもありますが、それらをカバーして母親の気持ちを安定させるような大きな力が父親には求められます。

もちろん、父親だって母親と同じ場面に立ち合って子どもとスキンシップをとることは非常に重要なことですが、赤ちゃんを抱っこした母親をしっかり抱きかかえるのが父親ではないかと思います。つまり、母親に安心感をつくってあげるのが父親の役割で、母親の安定感を通して母子間の安心感が成立していくのです。

子どもが誕生して最初の1年間は、やはり母親に子育ての主導権があると考えるのが自然でしょう。子どもは、すでに十月十日の間、母親とともにあったわけで、誕生した後も、その心音や匂い、ぬくもりに親しみを感じ、安心を覚えるのです。

父親は、子育てに直接かかわるというよりも、母親が安心した気持ちで子どもに向き合えるように、母親の情緒を安定させてあげることがより大事な役目となります。妻に感謝し、ねぎらうのはもちろん、掃除や買物などの家事を積極的に引き受けるといったサポートはたいへん有意義です。

そして1歳を過ぎたころからは、子どもには、安全や保護を志向する母性と、冒険心や好奇心を育てることを志向する父性の両方の働きかけが必要になりますから、父親にも育児への積極的な参加が求められるようになります。

母子間の安定感が形成されないままだと、子どものなかには、いつまでも母親から離れていかれない分離不安が生じます。

歩きだしたとき、お母さんが離れていても、安心感があれば探索行動といって、よちよち歩きをしながら行動半径を広げていきます。船がドックに出入りするように、ちょっと離れてはまた戻ってくる。安心だとわかるともう少し距離を伸ばして行動する。そのように、母親の膝から離れたり戻ったりしながら積極的に行動の範囲を広げていきます。これは、安全地帯がきちんとしていないとできないことです。

ところが母子間に安定感がないと、不安でいつまでも母親のスカートを引っ張っていて、どこにも行こうとしません。これでは行動半径もせまく、積極性も生まれてこないことになります。

このように、出産して1歳くらいまでに母子間のアタッチメントの形成がしっかりできあがっていることが、それから先の子どもの発達には非常に重要なのです。

□母性愛遮断《しゃだん》に対する敏感期

アタッチメントを結ぶ対象を剝奪《はくだつ》されるような状態に子どもがさらされると、短期的にも長期的にも影を落とすといわれます。こうした母性愛に敏感な時期は生後3カ月から6カ月のころに著明で、この時期の体験が深刻であると、パーソナリティーに障害を残すことになります。

母子関係が崩壊していく過程で子どもに起こる症状は

①抗議期：数日間、母親の世話を求めて激しく泣き叫び、怒る。

②絶望期：泣き疲れ失望し静かになるが、まだ母親が戻ってくるのを期待している。

③**離脱期**：無反応になって何も要求しなくなる。

愛情喪失の状況下で育てられた子どもに現われる症候群には、無表情、凝視する顔つき、栄養不足、低身長、仮性精薄、食事や排泄《はいせつ》、睡眠の異常行動、癇癪《かんしゃく》、破壊的行動、無関心、引きこもりなどがあります。母性愛の発達していない母親や、その代理者が育児している場合に多いのです。

赤ちゃんにとって母性愛の遮断は、身体的発育や脳の発達に影響するばかりか、心の問題としても大きな影響を与えます。

□思春期をのり越えるための〝お守り〟

出産の苦しみも、乳首に吸いつく生まれた

ばかりのわが子の顔を見ているうちに忘れてしまい、安堵《あんど》感と幸福感で胸が熱くなり、涙があふれてきた。こんな体験をしたことのあるお母さんは多いと思います。神様はあんなに苦しかったことを一瞬にして忘れさせるような力を子どもに授けてくださっているのです。

一日一日変化していく子どもと同じ時間を共有することが子育ての喜びです。子どもが見せるさまざまな可愛い表情や仕草を一瞬たりとも見落としたくないという気持ちにさせられたりもします。

せっかく子どもを生みながら、もし親として、こういったデリケートな子どもの変化を知らないまま過ごしてしまうとしたら、あまりにもったいないことだと思います。

その意味では、生まれて間もないうちに人の手にあずけてしまわず、できるだけいっしょに過ごす時間を多くもつ必要があります。

初めて果汁を飲んだ、初めて笑った、初めて寝返りができたなど、どれも〝初めて〟が付く子どもの仕草を、その後の〝子育てのお守り〟として親は脳裏に刻みつけておきたいものです。

実際のところ、子育ての楽しさや喜びは、乳幼児期のころで終わってしまいやすいもの

です。後は、大変さが待ち受けていて、思春期になるころは精神的にも経済的にもむずかしい事情をのり越えていかなければならないといったことにもなりがちです。そんなとき、乳幼児期に親子で共有した、たくさんの楽しい思い出をもっていることが、とても大きな力になるにちがいありません。

思春期に荒れ狂うわが子を目の前にしたとき、幼いころのイメージが甦ってきて、それが〝心のお守り〟となり、親としての自信を与えられたという体験をもっている親御さんは多いと思います。

職業をもつ女性が増えてきて保育園の設立は働く母親にとって大変なサポートになります。けれども子育てというのは、まず自分が自分の子どもを育てるのだという意識と責任がなければいけないと思います。足りない部分、どうしても手が足りないところを他の方にサポートしてもらってのり切るという気持ちが必要です。すべて保育園任せ、学童保育任せでも、それはそれで子どもは育ちますが、そのときそのときの子どもの心の叫びをキャッチすることを忘れないでほしいと思います。

保母さんは、あずかった子どもたちを育てながら「今日、あの子が立った、この子が歩いた」と日誌に書くわけですが、わが子が最初に立ったり、歩いたりした感動的瞬間を親自身が子どもと共有できないままでは、やはり子育ての喜びは半減してしまうでしょう。

しかも、保母さん自身、自分の子どもは人にあずけて仕事に就いていることもありますから、自分自身の母親としての子育ての時間を失っていることもあるわけです。これはやはり、社会全体として、子育てに対し、もう少しよいシステムを工夫できないものかと思います。

スウェーデンでは3歳までは親がわが子を直接育てることができるような社会システムが整えられています。日本でも、そうした子育てをサポートするシステムがつくられれば、少子化の問題がもう少し改善されるのではないでしょうか。

その意味では、現在の保育園を増設する行政のやり方は、母親を労働力として確保するために有効なシステムではあっても、子ども側の気持ちについてはあまり考えられていないように思います。

生まれて間もない乳児を駅前保育園に長時間あずけておくのは、何も喋《しゃべ》ることのできない子どもの気持ちを無視したやり方で、子どもの心の成長という点では大きな問題があるでしょう。「子どもは社会が育てる」という考えは当然ですが、ある時期がくるまではマンツーマンの一貫性をもった子育てによって人間としての基盤をしっかり形成しておくことが不可欠であるという認識もしっかり確認しておくべきだと思います。

出生後の3年間は子どもの人間形成の基礎をつくるとても重要な期間なのですから、3歳までの育児のあり方を、未来の人間育成という視点で国がもっともっと深く考えた政策を立てていただきたいと思います。

□心の発達における「人生の8段階」

ここまでは主に、乳児期のあり方についてみてきましたが、ここから始まる子どもの心の成長は、その後どのような段階を踏んで進んでいくのでしょうか。先ほど取り上げたエリクソンは、人格の発達、すなわち心の発達を社会との関係でとらえ、人間の一生には八つの発達段階（図2‐1も参照）があると述べています。

●エリクソンによる「人生の8段階」

①乳児期（基本的信頼　対　不信）　0～1歳
②幼児前期（自律　対　恥と疑惑）　1～2歳
③幼児後期（自主性　対　罪悪感）　2～5歳
④学童期（勤勉　対　劣等感）　6～10歳
⑤思春期・青年期（自己同一性　対　役割混乱）　11～19歳
⑥若い成人期（親密　対　孤立）　20歳～
⑦成人期（生殖性　対　停滞）　30歳～
⑧老人期（自我の統合　対　絶望）　50歳～

このように、八つの発達段階にはそれぞれに見合った心の発達課題があることがわかります。たとえば、最初の乳幼児期には基本的信頼を発達させますが、これがうまくいかなかった場合は危機として、不信が生まれるといいます。これが〝基本的信頼　対　不信〟といった対の表現をする理由です。

後で述べますが、子どもの発育は連続しています。

エリクソンの八つの発達段階では、前の段階が順調に発達すると、次の段階に前進していきます。

つまり、それぞれの段階の課題は、次の段階を正しく迎えるために必要な意味をもっているのです。そのため、前の段階で発達が順調に進まないと、次の段階の課題にうまく取り組めないので、その後の成長に影響を与えることになります。

なお、注意しておきたいのは、各段階ではあくまでも、それぞれの時期に見合った心の発達の〝基礎〟ができるのであり、その後の発達の段階を通しても、それまでの課題に取り組みながら成長しつづけることになるということです。

では、各段階の内容について簡単に紹介しておきましょう。

①乳児期（基本的信頼　対　不信）　０～１歳

この時期については、先にくわしく述べたとおりです。満1歳になるまでには、子どもは母親（または母親代理）と強い結び付きをつくりあげねばならず、食事や睡眠のパターンもしっかりできあがっていなければなりません。

②幼児前期（自律　対　恥と疑惑）　1～2歳

歩行やおしゃべりができるようになり、行動力や理解力が増大するにつれて、子どもは生きている世界を広げ、何でも自分でやりたがるようになります。ところが、この時期は、そうした自由な行動が制限される躾《しつけ》の時期にも当たります。

火遊び、道路への飛び出し、割れ物を床に落とすなど、してはいけないことを子どもは学ばねばなりません。こうしたことを学ぶときにはたいてい抵抗があるもので、よく癇癪を起こします。これは、満1歳代に始まるのがふつうです。

大人から、「してはいけません」と規制されると、癇癪を起こすのです。そういうときは、ぎゅっと抱きしめたり、何かで気を紛らわしてあげたりするのが良策です。癇癪はよちよち歩きの一過性の現象であって、親子のしっかりした愛情関係により消失します。

ところが、信頼関係がなかったり、躾が過度に行なわれると、自己防衛を生み、積極性が失われ、母親のスカートにしがみついて離れず行動範囲を広げることがむずかしくなったりします。そして、首尾よくやれなかったときなどに、恥や疑惑の感情が出てきます。

それでも、親や周囲との信頼関係があり、親からの温かい支持があると、生活習慣の自立（自己コントロールの一歩であるおむつが取れてトイレが使えるようになる行為など）

		1	2	3	4	5	6	7	8
老人期									自我の統合 対 絶望
成人期								生殖性 対 停滞	
若い成人期							親密 対 孤立		
思春期と青年期	V					自己同一性 対 役割混乱			
学童期	Ⅳ				勤勉 対 劣等感				
幼児後期	Ⅲ			自主性 対 罪悪感					
幼児前期	Ⅱ		自律 対 恥と疑惑						
乳児期	Ⅰ	基本的信頼 対 不信							

図2-1　エリクソンによる「人生の8段階」

が順調に行なわれ、自律性が生まれます。

排尿排便については、このコントロールを通して自己制御できる子どもに発育します。自分と母親がしっかりした絆で結ばれていると、自分が失敗しないで排泄できたことを母親が喜んでくれることに自信をもち、自分で自分をコントロールすることができるように育っていくのです。

満1歳代の子どもは自分が世界の中心であると思っていて、親に大きく依存したままなのです。

③幼児後期（自主性　対　罪悪感）　2～5歳

知能がいっそう発達する時期で、語彙《ごい》が増え、自然語と理解語が複雑になってきます。この時期になると、はかりしれない新しい能力が子どものなかに発達し、家庭や幼稚園で失敗をくり返しながら、それにひるまず、目的に向かってより的確に接近し、行動していくようになります。

エリクソンは、この時期には「自主性　対　罪悪感」という課題が解決されなければならないと考えています。この課題をやり遂げれば、子どもは自発的に行動しても恐怖感や罪悪感をもつことなく、たくさんの心ときめく体験をすることができます。逆にこの段階でつまずくと、自分のしたいことをすると他の人が怒りだし、ときには自分を破壊してしまうとさえ感じることになります。

自主性を身につけさせるには、それ以前の自律性や家族による励まし、称賛が非常に大切です。叱るときは「遊びたいけど、食事だから、やめましょうね」というように説得してください。叱り方によっては、自主性の芽を潰《つぶ》し、積極性が育たず、引っ込み思案になってしまう心配があります。やはり体罰は避けたいと思います。

なお、自主性がうまく育たないと、計画した目標や実行した行為に対して、罪悪感を抱くことになります。

また、この時期は、両親のもつ規範を取り込み、両親と同一化することにより道徳心の発達がなされます。子どもと親、あるいはその代理となる人との間に信頼関係がなければ道徳心の形成は必然的に阻害されてしまいます。

人間的交流を欠いた大施設で育てられた子どもや、人生早期にいくつかの家庭をたらい回しにされた子どもの場合は、道徳心や罪悪感が発達しにくいといわれています。

④学童期（勤勉　対　劣等感）　6～10歳

健康に育ったこの時期の子どもたちは、教えられたことを実際にやってみることを喜び、技術の基本を身につけ、個人的満足を覚え、他者と接することを楽しむようになります。こうした満足を得る代わりに、不全感や劣等感を育ててしまうことのないよう自尊心を育てることがこの時期の中心課題です。

⑤～⑧の発達課題については、思春期について取り上げる3章でくわしく述べることにします。

□子どもの体は「成長」と「発達」が同時進行

子どもの体の発育においては「成長」と「発達」が同時に進行していきます。これに対し、大人の体の場合は「成長」がストップして「発達」だけが継続します。この点が子どもの体と大人の体の大きな違いです。

ここで成長というのは身体面の量的な変化のことであり、発達というのは質的な変化のことを意味しています。ですから、発達は、途中で事故や病気で死なないかぎり死ぬまで継続するものです。そして、最終の発達段階が死ということになります。

図2 - 2は「スキャモンのカーブ」と呼ばれている成長曲線です。この図で「一般型」と呼んでいるのは身体面の量的な変化を示しています。「生殖型」は生殖器の重量、「神経型」は脳の重量の増加について、20歳（成人）を100パーセントとして、それぞれの年齢におけるパーセントを特有のカーブで描いてあります。

「一般型」の曲線を見てみますと、ちょうど二つのS字曲線がつながったように描かれているのがわかると思います。それで、「ダブルジグモイドのカーブ」と呼ばれています。これは、身体の発育がいつも同じスピードで増加していくものではないことを示しています。

この図の横軸の4歳と10歳、15歳の点を起点としてそれぞれ縦に垂直線を引きますと、図全体が四つのブロックに分かれます。このとき、0歳から4歳までのブロックを第一発育期、4歳から10歳までを第二発育期、10歳から15歳までを第三発育期、15歳から20歳までを第四発育期と呼んでいます。

発育は連続的ですが、一定の速度で進むわけではありません。もう一度「一般型」の曲

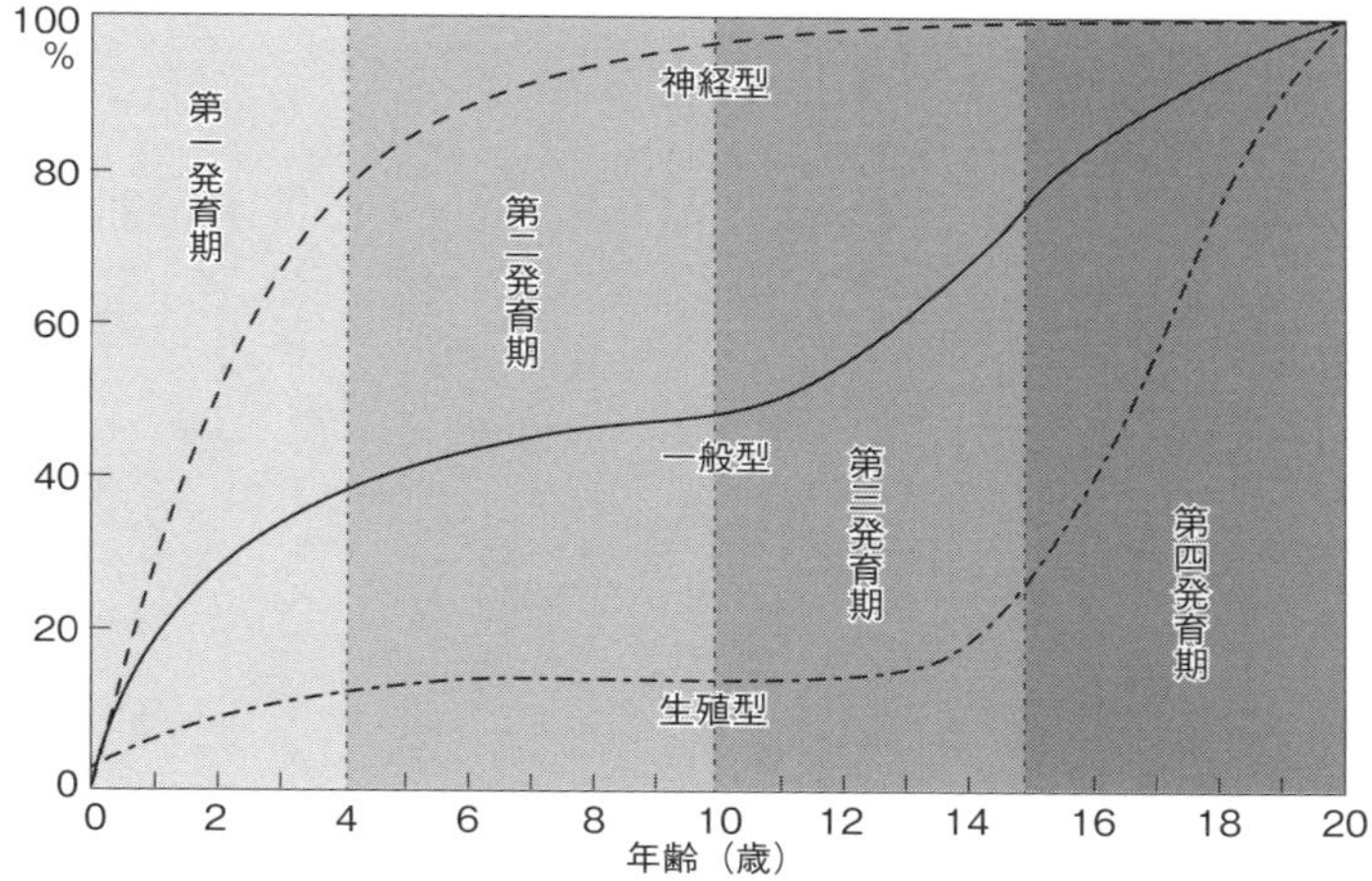

図2-2　スキャモンの成長曲線

線を注意して見てみますと、第一発育期と第三発育期において勾配《こうばい》が急になっていることがわかります。これは、この二つの時期における成長が著しいことを示しているため、第一発育期は「第一発育急進期」、第三発育期は「第二発育急進期」と呼ばれています。

この二つの時期は脳の重量が著しく増加する期間でもあります。また、「第二発育急進期」は「グロース・スパート（身長・体重の急激な増加）」の時期で、思春期（11〜15歳）はこの時期に相当します。この4、5年の間に、体重は20キロ、身長は20センチくらいも増加します。

成長ホルモンの分泌が盛んになってきますと、「グロース・スパート」が開始されます。

このホルモンは夜10時ころから明け方2時ころにかけて分泌が盛んになることが明らかになっていますが、このことは「寝る子は育つ」という諺《ことわざ》を科学的に裏づけています。

この時期の子どもに規則正しい睡眠をとらせることは脳の働きにとって、とても大切なことです。もし睡眠のパターンが崩れますと、昼夜逆転現象が生じ、不登校の原因になることもあります。また、この時期は受験勉強が始まるころでもありますが、体の健やかな成長のためにもしっかり睡眠をとることが必要です。

同じことは「第一発育急進期」である0～4歳の乳幼児期にも起こります。約3キロで生まれた赤ちゃんが3カ月で6キロ、1年で9キロ、2歳で12キロ（生まれたときの4倍）、4歳では15キロ（生まれたときの5倍）と急激なカーブを描いて増加していきます。

身長も約50センチで生まれたのに、1歳で75センチ（1・5倍）、4歳で100センチ（2倍）にまで伸びます。

こうした「第一発育急進期」の後にくる第二発育期（5～10歳）は比較的一定量で発育しますが、これは次の「第二発育急進期」に備える助走期間です。この時期にしっかりと栄養を摂ったり、十分に運動したりしておくことで、素晴らしい「第二発育急進期」を迎えることができるのです。

このように子どもの発育（成長）には連続性がありながらも、一定の速度で進むわけではありません。

□脳の発達段階

子どもの体の発達は、大部分は秩序正しく、ほぼ一定の順序で進みます。たとえば生後3、4カ月ころになると首が座るようになります。それは、脳の神経発達として中脳レベルの髄鞘《ずいしょう》化が始まったからです。さらに、寝返りが可能になり、お座りができ、8、9カ月にははいはいができるようになります。大脳レベルの髄鞘化が進むと、つかまり立ちができ、12カ月ころには歩行ができるようになります。

出生時の髄鞘化は脊髄、橋《きょう》レベルの神経発達ですが、神経線維の髄鞘化は下位中枢から高位中枢に向かうので、おのずから一定の順序がみられるのです。大脳半球においては各部位により異なりますが、後方から前方に向かって髄鞘化が進みます。前頭葉、側頭葉など高位の神経活動を司る部位は20歳ころまで髄鞘化が行なわれますが、基本的には小児の行動発達に関係した部位は3～5歳ころまでに完成するのです。

「スキャモンのカーブ」の「神経型」は脳の重量の増加を示しています。生まれたばかりの赤ちゃんの脳は約４００グラムですが、８カ月後にはその2倍になり、10歳ですでに成人の90パーセントにまで達し、20歳で完成して約１５００グラム（誕生時の約３・７倍）になります。

人間の脳は約１４０億個の神経細胞をもって生まれてきますが、生後刺激を受けなかった細胞は淘汰されてしまいます。脳の重量が増えるのは脳の神経細胞の量が増えるからではありません。そうではなくて、神経細胞の樹状突起が伸びてシナプスを形成し、神経細胞がお互いに絡み合うことにより、脳の中がどんどん網目状になって重量が増えることを意味しています。

新生児の脳では、神経細胞は揃っていますが、互いに連結されていません。つまり、まだ配線されていない状態にあるわけです。その配線をするのが樹状突起ですが、これの一番長い突起が軸索（神経線維）です。この軸索に髄鞘《ずいしょう》と呼ばれる鞘《さや》ができ、伝達路の役目をすることで、神経系として働くようになります。

誕生後、子どもがさまざまな刺激を受けることで神経線維における髄鞘化が進み、神経細胞の連結が進むことで脳の重量が増えていくのです。

赤ちゃんの脳は未熟で生まれてくるからこそ、誕生後に急進的な成長を遂げるようになっています。

このことを踏まえて、とくに10歳くらいまでの脳の発達過程をみてみますと、次のようになっていることがわかります。

・0～3歳ころ

模倣の時期です。母親の態度や生活環境を感覚機能を通して無条件に受けとめ、そうした刺激のなかで神経細胞は配線されていきます。模倣、すなわち〝真似《まね》る〟ことは〝学《まな》ぶ〟ことです。それらが記憶として脳の海馬の領域にインプットされます。

たとえば、この時期にオオカミに育てられると、オオカミの態度を参考にして神経細胞が配線されていきます。その結果、オオカミのような振舞いを身につけてしまうことになります。

視覚、聴覚、味覚、触覚、色覚などの感覚機能が正常に発達するうえでも、この時期に良質な刺激を与えることが大切です。

・4～9歳ころ

模倣の時期が過ぎ、自分で考え、自分を主張し、自主的に行動するようになる時期です。いわゆる〝やる気〟を起こすように神経細胞の配線が進んでいきます。

・10歳ころ

この時期になると人間としての精神をもち、人間としての行動ができるように神経細胞の配線がほぼ完成されます。また、技術の獲得が進み、運動機能の活発化が進みます。その意味では、人間は10年かけて本当に人間になるといっても過言ではありません。いわゆる子ども時代のゴールがここにあります。

ただし、脳のこうした発達過程は脳全体で一律に進むわけではありません。年齢によって神経細胞が配線される場所が異なっているのです。そのために、それぞれの神経回路や機能によって発達する時期（「臨界期　Critical Piriod」）が異なっていることがわかっています。この臨界期に子どもの正常な発達が妨げられると、生涯にわたる欠陥や機能障害を残すこともあります。それは、脳機能の発達に環境的な要因が決定的な影響を及ぼす期間が存在することを示しています。

子育てにおいて、この臨界期を見逃さないことはとても大事なことです。

たとえば、生後2カ月ころになると、笑いの表情が見られるようになります。このとき一所懸命笑い返してあげると、赤ちゃんはよく笑うようになりますが、それをしないと笑いの少ない赤ちゃんになりやすいのです。

言葉も喃語を発したときに、こちらから言葉かけをしないでいると発語が遅れます。このごろは生後早い時期から集団に預けられる赤ちゃんも増えていますが、あまりマンツーマンでの対応がないと、笑わない無口な子どもに育つ可能性もあります。ちなみに、言葉の発達は８歳までといわれています。

反射神経が発達する４、５歳の時期はいろんな運動をさせるのに適しています。10歳を過ぎてから自転車に乗ろうとしてもなかなかうまくいかないのは、反射神経の発達時期とずれてしまうからです。

身の周りを整理整頓する習慣を身に付けるのにもいい時期です。歯磨き、洗顔、お風呂の入り方、履き物の揃え方、食事のマナーなど、くり返すうちに身についていきます。この時期に身についた習慣は、子どもにとって親から与えられた生涯の宝になるでしょう。

□反射的な運動能力は10歳までに決まる

これまで述べてきたのは大脳に関する話ですが、図２‐３を見るとわかるように、大脳の下部に小脳があります。この小脳は、大脳から出される運動命令を調節して、体の各部分にその命令を発信したり、体のバランスをとる役割を果たします。実際、小脳に障害が生じると、まっすぐ正常に歩けなくなります。

さらに、小脳は「体で覚える記憶」の機能も担っているといわれます。つまり、自転車や一輪車の乗り方や泳ぎ方など、体が覚えていて、意識しなくてもできるようになるのは、この小脳の機能によるものです。

たとえば、自転車。初めは、頭で自転車を乗りこなそうとします。何度も練習をくり返すうちに、体が乗り方を覚え、ついに意識しなくても乗れるようになります。

この流れを脳でみてみると、〝頭で自転車を乗りこなそうとする〟とき、大脳は、体が自転車を乗りこなせるように正しく動いたかどうかをチェックしています。小脳は、それを監視しながら、片っ端から学習して記憶しているのです。

そして、小脳が完全に記憶してしまうと、大脳の出番は終わり、〝体が乗り方を覚え、ついに意識しなくても乗れる〟ようになるというわけです。

こうして、大脳と小脳の連携によって運動能力は発達していきますが、やはり最初は、大脳が主導権を握っているのであり、こうした反射神経の発達も、大脳の運動機能の発達する4～10歳ぐらいが「臨界期」となります。

たしかに、10歳くらいまでに自転車に乗れなかった人が、その後になって乗り方を覚え

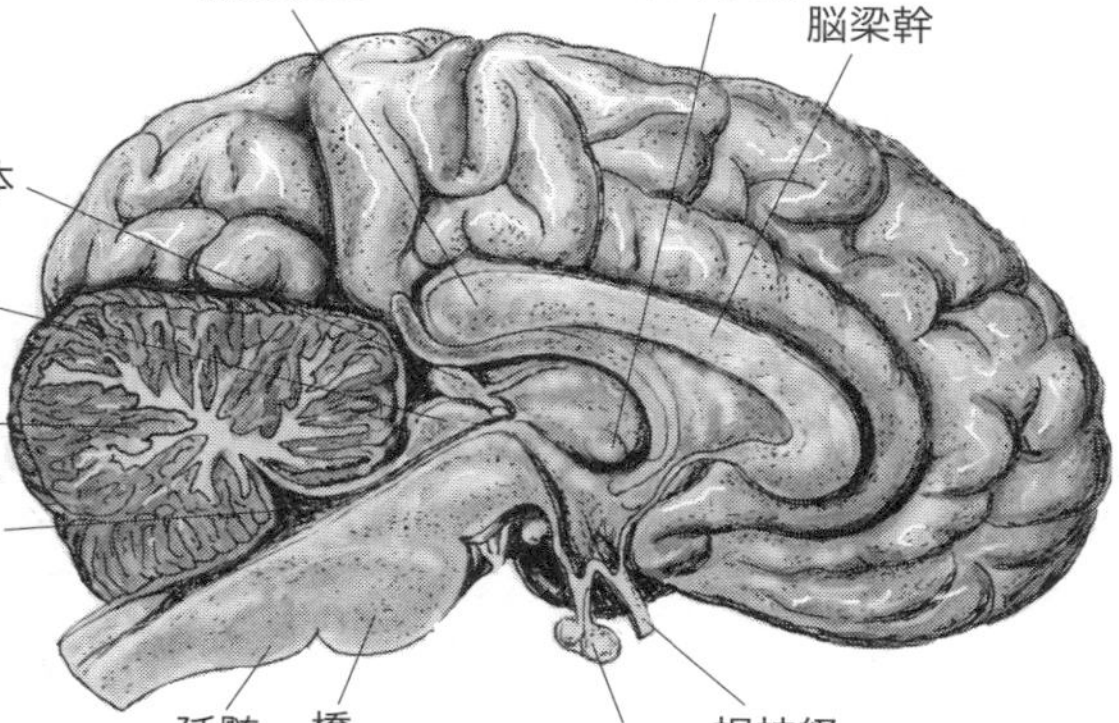

図2-3　脳の構造

るのは、結構むずかしいものだという話を聞かれたことがあると思います。

また、「体で覚える時期」に身の回りの整理整頓、家での掃除や片付けの仕方、さらには服装のセンスや礼儀作法など生活の基本となることなどをスポーツと同じようにトレーニングさせて身につけさせてあげることは、子どもの将来にとって親から与えられた大きな宝物になることでしょう。

宇宙飛行士の油井亀美也さんが、どうしたら宇宙飛行士になれますかと聞かれて、こんなふうに答えています。「できるだけ、お父さん、お母さんのお手伝いをしていることが大切です」

3

「第二の誕生」から始まる思春期こそ親のサポートが必要

■思春期は性ホルモンの働きによって始まる

思春期は第二発育急進期といわれ、身体面の発育が著しい「グロース・スパート」の時期であることは、前の章で述べたとおりですが、この時期には、それまでの子どもの身体に見られなかった第二次性徴が現われ始めます。人生のライフサイクルのなかでもっとも変化の激しい時期です。

「スキャモンのカーブ」が示すように、脳の重量は10歳くらいまでにほぼ成人のレベル近くにまで達しますが、このころから脳の機能は複雑な仕事を始めます。同時に、生殖型のカーブが10歳くらいから急上昇していきますが、これはホルモンの分泌が10歳くらいから始まることを示しています。

10歳くらいになると、脳の視床下部から刺激ホルモン抽出ホルモンが分泌され、下垂体に命令が下ります。下垂体という臓器は、前葉、中葉、後葉という三つの層に分けられていますが、中葉の働きはあまりはっきりわかっていません。

前葉からは成長ホルモン、甲状腺刺激ホルモン、性腺刺激ホルモン（黄体形成ホルモン、卵胞刺激ホルモン）、副腎皮質刺激ホルモン、メラニン細胞刺激ホルモンといったホルモンが分泌され、それぞれの標的臓器で実際にホルモンを形成するように刺激します。「グロース・スパート」が始まり、身長と体重が急に増加していく期間のなかでも、そのスパートがピークに達するときがあります。この成長のピーク期から1年目くらいに、女の子では初潮が、男の子では夢精の現象が現われます。

下垂体から分泌される性腺刺激ホルモンの命令が、その標的臓器である女子では卵巣、男子では精巣に伝えられると、実際にホルモンの形成が行なわれます。その結果、卵巣ではエストロゲン、プロゲステロンという女性ホルモンが、精巣ではテストステロンという男性ホルモンがつくられ、それにともなって男の子らしい体や女の子らしい体に変化していきます。

それから、下垂体から分泌される副腎皮質刺激ホルモンによって副腎皮質が刺激されると、副腎皮質からはアルドステロンが分泌され、その影響で男の子の場合はヒゲが生えたり、女の子の場合は恥毛が生えたりします。

こうした性ホルモンの分泌によって、男女の性を判別する基準となる形質が備わるようになっているのですが、胎児期の第一次性徴では男子は男性としての、女子は女性としての臓器が形成され、それが発育していきます。

そして思春期に現われる第二次性徴では、男子の場合は、声変わりや喉《のど》ぼとけの突出、ヒゲや恥毛、腋毛《わきげ》の出現、精子の形成といった変化が起こります。女子の場合は、乳房の膨らみ、恥毛、腋毛の出現、初潮といった変化が起こります。

医学的には思春期のことを「プバティ」と呼んでいますが、これはラテン語の「プバー（生える）」という意味から発生した言葉です。

女性ホルモンのエストロゲンの分泌が盛んになりますと、エストロゲンには骨端閉鎖促進の働きがあるため、身長が伸びるのにストップがかかり、20歳ころには自然に成長が止まるようになります。

このように、思春期の子どもの体の中では成長ホルモンと性ホルモンが絶妙にかかわりながら作用しています。その量はほんのわずかですが、それによって体が急速に変化すると同時に、その微妙なバランスが体全体に大きな影響を与えていることには、本当に驚かされるばかりです。

ここで、男の子と女の子の体の違いについてもう少しふれておきたいと思います。女の子は生まれながらにして二つの卵巣をもっています。それらの卵巣には70万粒の原始卵胞が存在しています。神様は女の子をこの世に送り出すときに70万粒の卵子の原型を持たせてくださっているのです。

これに対して男の子の場合は、思春期になり卵胞刺激ホルモンの影響を受けて初めて精子が形成されるようになっています。

微生物も含めて、すべての生き物は自らの子孫を残すことが生きる目的になっているといっても過言ではありません。このことは同じく生き物の一員である人間にもそのまま当てはまります。

別のいい方をすれば、生きるということは、命を伝達するために努力することだともいえます。

６００万年前にさかのぼる祖先から一時も途絶えることなく脈々と受け継がれてきたＤＮＡが自分の体の中に存在することを考えたとき、それを次の世代にバトンタッチするために努力することが、生きるということになるのではないでしょうか。

ですから、小児科での子どもの成長発達の目標は「種の保存に役立つ個体になる」ことでもあるのです。

■「第二の誕生」から始まる思春期五つのステップ

「第一の誕生」は子どもが母体から分離して個体化していくプロセスですが、「第二の誕生」から始まる思春期は子どもの精神が親から分離していくプロセスであるといえます。

子どもと大人の中間にある思春期。この時期は、子どもの時代をいかに育ってきたかを総括し、未発達な部分を修正し、大人として生まれ変わるための準備期間と考えることができます。その特徴は、自我同一性の達成、形式的思考の出現、性愛の発現、社会的関心の進行、怒りの強化などが形成されていくことです。

ここで、この思春期に子どもはどのように成長していくのか、さらに詳しく見ていくことにしましょう。

ブロスは、思春期を五つのステップに分けています。

(1)前思春期　［小学5～6年生］
(2)思春期前期　［中学生の年代］
(3)思春期中期　［高校生の年代］
(4)思春期後期　［大学生の年代］

(5)後思春期　［社会人になって家庭をもつまでの年代］

(1)前思春期［小学5～6年生］――親とのつながりを再確認しようとする

親子のコミュニケーションの基盤を確固としたものにする最後のチャンスになるのが、この時期です。

前思春期は、子どもが大人になるための思春期のスタート点で、〝大人の赤ちゃん〟として母親との絆《きずな》をもう一度しっかり結び直す絶好の機会なのです。赤ちゃんは生後1年の間に母親との絆を結び、自分を取り囲む世界への信頼感を獲得し、この世に本格的に誕生すると述べましたが、それがうまくいかなかった親子に再度挑戦のチャンスが与えられるのがこの時期です。

小学5～6年生ともなると、第二次性徴が現われてきて、女の子は胸が膨らみ出し、早い子どもは初潮をみることもあります。一方、男の子では声変わりするようになります。

子どもの心は、だんだん大人になっていくことに対する不安と、どきどきするような喜びの間で大きく揺れて、気持ちのうえで不安定になります。

ホルモン分泌の作用によって自律神経のバランスが崩れるために、しばしば、喜怒哀楽が激しくなったり、メソメソしたり、愚痴っぽくなったり、反抗的になったり、これまでにない態度を見せることもあります。〝赤ちゃん返り〟して、母親にベタベタと甘えてくることも珍しくありません。

子どもが甘えてきたら、たっぷりと甘えさせ、しっかりと抱きしめてあげてください。その結果、母親との関係が信頼できるものであり、安心できるものであることを確信することになるのです。そして、それはとりもなおさず、自己や社会を信頼することにつながります。

とりわけ、男の子にとっては、母親に心身ともに甘えてエネルギーをたくわえる最後のときです。母親とのお別れができると、今度は父親に向かうことになります。

そういう時期であることを知らないために、甘えてくる子どもに対して〝気持ち悪い〟と突き放したり、〝体ばかり大きくなって中身は子どもなんだから。しっかり勉強しなさいよ〟とお門違いな対応をすると、子どもは親に対して不信感をもち、不安感に揺れつづけることになります。自分に自信がもてず、生きていくエネルギーが満たされないまま思春期の荒波に立ち向かっていかなければならなくなるのです。

女の子は、この時期の特徴として、母親には甘えても、父親には接触を嫌い、距離をとるようになります。お父さんは、少し寂しい思いをするかもしれませんが、これも娘の成長過程と理解し、静かに受けとめてあげてください。

なお、年子であったり、兄弟が多いためにしっかりと甘えてこられなかった場合なども、ここで、その寂しさを埋め合わせてほしいとばかりに甘えてくることがあります。お母さんは余裕をもって、「あなたが、いい子で助かったわ。でも、手をかけてあげられなくてごめんなさいね。いま、十分に甘えていいのよ」と受け入れてあげてください。

子どもが甘えてくるのは、甘えられるということですから、親子の信頼関係がそれなりにできている証《あかし》ともいえます。だからこそ、対応を間違えて、せっかくの信頼関係を台無しにしないでほしいと思います。

親子の信頼関係がうまく築けていないほど、子どもは自分の存在を認めさせるため、いろいろなかたちで親の目を自分に向けさせようと試みます。何でも一人でやろうとしたり、親と話すのはいやだと拒否したり、はたまた万引きなどをして親をびっくりさせたりします。

気持ちのデリケートな子どもに多いのですが、不登校、拒食症（摂食障害）、家庭内暴力、校内暴力、その他の非行など、非社会的な行動や反社会的な行動の芽が芽生え始めることもあります。

こうした問題を起こすときは、その前兆として、危険信号を点滅させているものです。学校に行きたがらない、自分の部屋にこもりがち、朝や夜の時間が不規則になる、宿題をしなくなる、成績が低下し始める、金遣いが荒くなるなど。子どもの態度にこうした変化を感じたら、それを絶対に見逃さないことです。そして、なぜそうなっているのかを考え、子どもの要求を徹底して受け入れるようにしましょう。

別の原因として、両親の仲が悪い、母親が精神的に不幸であるといった、家族の問題が関係していることもしばしばみられます。こうした場合は、夫婦関係や家族関係を修復することで、子どもの問題を解決できることが多いのです。子どもの問題がきっかけで、最終的に健全な家族に立ち直ったケースは少なくありません。「健全な子どもは、健全な家庭に宿る」ことを、子どもが捨て身の戦法で教えてくれたわけです。

甘えさせては、かえって悪い影響が出るのではないかと心配するのは、この時期には問答無用です。子どもにとって、母親から無条件で限りなく愛されていることを体感させてあげてください。ひたすら愛し、甘えさせてあげてください。その体験こそが、今後の成長の基礎となり、健全な大人になるための基盤となるのです。

それは、母親からすれば、改めて母親としての愛情が試されていることになります。子どもは、母親に見捨てられるのではないかという不安を抱きつつ、自分のためにどこまでしてくれるのか、それを見ようとしています。

たとえば、学校で微熱が出たと知らせてきたら、微熱なら帰ってこられるだろうとタカをくくらず、学校まで迎えにいくことです。自分を心配して、わざわざ時間をさいてくれたという実際に目に見える行為が、ここでは、親子の心のスキンシップになるわけですから。

前思春期は、小学校5年生の後半から6年生の後半くらいまでのわずか1年ぐらいの期間です。本格的な思春期に入る前に、いかなる試練ものり越えていけるように、親への、自己への、社会への信頼感をしっかりもたせてあげてほしいものです。

私たちは、この前思春期における親の関わり方がもっとも重要であると強く感じています。

(2)思春期前期〔中学生の年代〕――家族離れと友達中心

第二次性徴が進み、少しずつ子どもではないという意識をもつようになります。身長などには個人により、バラツキがみられます。

この時期のいちばんの特徴は、それまでの家族中心から、友達中心の人間関係に切り替わっていくことです。そして、友達は、女の子は女の子同士、男の子は男の子同士という、同性のグループでまとまります。

そこで、性に関する情報交換など親には言いづらいようなことも盛んに話題になったりします。また、友達同士で、能力や容姿、個性などを比べ合います。自分の価値観が友達に認められるか、拒否されるかの影響は大きく、それによって、自己の世界を豊かに変えていきます。

さらに、友達の親と自分の親を比べ、社会的地位や考え方、生き方などを評価することで、親を深く見つめるようになります。親に秘密をもつようにもなりますが、これは心理的な乳離れの現われであり、健全な心の発達の一環とみなせます。

親としては、前思春期のような過剰な愛情表現は控え、子どもの行動を遠くから見守る姿勢が大切です。子どもから直接いろいろ話が聞きにくい時期だけに、友達グループの内情を把握しておくため、また遠巻きに見守っていることを示すためには、その親たちと仲良くつき合うことも効果的です。

こういう人になりたいという理想像を描くのも、この時期の子どもの大きな特徴です。スターや偉人などに憧れをもったりします。

それとともに、自分という存在の基盤となるルーツにも関心を深めます。両親の育ちや出会い、恋愛などに興味をもったり、自分の幼いころを気にかけ、急にアルバムを開いたりします。日ごろから、両親に抱かれている可愛い写真などをさりげなく飾っておくといいでしょう。

心理的乳離れが進む時期とはいえ、心の中には悲しみや孤独感といった感情があり、自分のことをわかってほしい、親から愛されたいという、特別な絆を求める気持ちがあるのも事実です。親がいつでも、過干渉とは別な次元で、子どものことを気にかけていることは大事なことです。

「第一の誕生」と「第二の誕生」で共通していることはサポートの必要性です。「第一の誕生」の場合は養育されることは当然で、それがなければ命が絶たれる場合さえあることはわかりますが、「第二の誕生」の場合も、一人立ちできるまでのある期間、やはりサポートが不可欠なのです。自立と依存が混在する状態のなかで保護者のサポートを必要としているのです。

(3)思春期中期〔高校生の年代〕——自己の内面性を追求

第二次性徴が完成し、性的な不安からは解放されます。

この時期、いちばんの関心の的は自己の内面性の追求です。判断力、自己観察力、責任感、義務感などを検証します。

抽象的な思考が発達し、思考が複雑になります。それにともない、自分は何でもできると万能感をもち自己愛に酔う反面、自己嫌悪や自己否定、絶望にさいなまれたりします。そうして気持ちが大きく揺れ動きます。

人間関係では、異性に対する関心が高まります。母親や父親に対しては、一人の人間として観察したり、批判したりするようになります。そして、理想の対象は、自分を導いてくれる先生や先輩などに移ります。

職業選択など、将来の展望を具体的に考える方向に向かっていくのも、この時期です。心の発達過程をクリアしてこないと、ここで、人格発達障害や心身症などの精神的な疾患が現われることがあります。17歳が立てつづけに事件を起こして、世の中の人を戦慄《せんりつ》させたのは、まだ記憶に新しいところです。

この時期に多く発症する心身症としては、ヒステリー症状、過敏性下痢、過呼吸、対人恐怖症、自臭症、不登校、拒食症などが挙げられます。精神疾患（統合失調症、うつ病など）が発現する時期でもあります。

(4)思春期後期［大学生の年代］――自己のアイデンティティーを確立

自分が何者であるかを把握し、自己のアイデンティティーを確立する時期です。そして、自分の価値観にもとづき、職業や伴侶《はんりょ》について具体的に考えるようになります。

内面の充実を図るために、たくさん本を読み、多くの人に接し、いろいろな体験をすることが求められます。この時期の勉強やトレーニング、蓄積が、将来の栄養になります。

親としては、子どもに対して、一人の人間として認めるとともに、必要に応じて、意見や愛情を示すことが大切です。

(5)後思春期［社会人になって家庭をもつまでの年代］――独り立ちする

社会で生きる大人として、自己決定能力、自己責任能力、自己選択能力をもち、独り立ちする時期です。職業をもち、結婚を具体的に考えるようになります。

親子の関係は、親子であると同時に、友人であり、社会のパートナーであるという具合に多層性を示すようになります。親としては、子どもの決定、責任、選択を尊重することが大切です。

ただし、最近では、思春期という猶予期間（モラトリアム）を引き伸ばされて、大人の社会への本格的な参入を遅らせる傾向が見られます。

■前思春期は子育てやり直しのチャンス

こうしてみてくると、思春期は文字どおり、「自分探し」の時期といえます。親との信頼関係を基盤に、自己や社会を信頼に足るものとして認識したうえで、まず中学生の年代（13～15歳）は、友達など周囲の目を強く意識して、自分の価値観をつくります。次に高校生の年代（16～18歳）は、自己の内面に目を向け、自己観察力や判断力などを高めます。そして大学生の年代（19～22歳）は、それまでに培った価値観や内面の力を統合して「自分が何者であるか」を確立し、大学卒業後は、社会に生きる大人として独り立ちするというわけです。

これは、先に述べたエリクソンの理論では、「思春期は『同一性（自己のアイデンティティー）』を発達させる段階である」と紹介されていることにほかなりません。

それにつけても、思春期の本格的なスタートの前（前思春期11～12歳）に改めて、親子の信頼関係が見直され、修復のチャンスが与えられていることには、私たち人間の心の発達を促すしくみの妙を感じずにはいられません。

親子の信頼関係を築くために「第一の誕生」がうまくいかなかったとしても、「第二の誕生」である前思春期に再度のチャンスが与えられていることを知っておくと、子どもが思春期を通して自立していく大きな助けになります。

では、この前思春期の修復チャンスも逃してしまい、子どもの言動や症状に悩んでいるとしたら、どうしたらいいのでしょうか。

目の前の子どもの姿だけで希望を失わないでください。いまこのときからでも親子の信頼関係を築くことができると信じて、「あなたが存在するだけで十分にうれしい」と、親の無条件の愛を言葉にして子どもの心に届ける努力を惜しまないでください。

子どもの要求を徹底的に受け入れ、たっぷり甘えさせてあげてください。きつく抱きしめてあげてください。親子の信頼関係ができるとともに、その子の生きていく力が徐々に強まってきます。そうしたら、自律性や自発性、勤勉性が育つように、ほめることや称賛することで導き、支えてあげてください。

時間はかかっても、子育ては、やり直しがきくのです。戻るべき発達段階を見きわめ、そこから改めて、やり直せばいいのです。

子育てに失敗はありません。前向きに歩いていくかぎり、たとえ失敗に見えることも得がたい体験になるのです。

■自己同一性の確立こそ「大人になる」こと

ここまで、思春期を五つに分けたブロスの考えを中心に述べましたが、2章で紹介したエリクソンの八つの発達段階では、思春期・青年期以前に4段階あり、その後、思春期、青年期から始まる4段階があります。①から④までの段階についてはすでに述べましたので、ここでは⑤から⑧までの段階について紹介することにします。

いうまでもなく、人は死ぬまで心の発達をつづけていきますが、そうしたなかで思春期、青年期における発達課題は、自己同一性を確立することにあります。

⑤思春期・青年期（自己同一性　対　役割混乱）11〜19歳

「自分が何者であるか」という自己の定義を獲得することが、自己同一性（アイデンティティー）をもつことです。これに失敗すると、自分がわからない、社会における自分の役割がわからない、そのため、もろもろの役割を個人のなかで統合できないといった役割混乱を招くことになります。

なお、この段階は本質的に、児童期と成人期の間にある猶予期間（モラトリアム）とい

えます。正常な青年期には
㈠養育され世話を受ける存在から他人を養育し世話できる存在となること
㈡働くことを学び、技術を身につけること
を体得します。

⑥若い成人期（親密　対　孤立）20歳〜

自己の同一性を求める思春期・青年期を脱して成人になると、自己の同一性と他人のそれとを融合させる能力、すなわち親密さをもつことができるようになります。この親密さの発達が結婚を可能にします。

ところが、他人と交わろうとしても自分の何かを失ってしまうのではないかという恐れがあると、親密さを発展させることがむずかしくなります。その結果、孤独にとらわれるようになり、やがて、自分のことのみに夢中になり、自己に埋没するようになります。

⑦成人期（生殖性　対　停滞）30歳〜

生殖の本質は、次の世代を形成し導くことにあります。親として子どもを産み育てることは、多くの人々の人生において大きな意味をもちますが、それだけが生殖の本質ではありません。そこには、芸術作品などを〝産み出す〟ことも含まれます。こうした生殖の課題が達成されないと、人は停滞と不毛の感覚に陥る傾向がみられます。

⑧老人期（自我の統合　対　絶望）50歳～

先に述べた七つの段階の果実が実り、自分の唯一の人生を、そうあらねばならなかったものとして、またどうしても取り替えを許されないものとして受け入れられる、自我の統合が実現します。この自我の統合が欠如すると、あるいは失われると、それまでの人生を受け入れることができません。しかし、いまや、やり直すには時間が足りない、その焦りが絶望となって表現されます。

こうしたエリクソンの「人生の八つの発達段階」からみても、思春期が〝揺れ動く危うい時代〟であることがうかがい知れます。子どもから大人へと成長していくには、「自分が何者であるか」「自分が何者になろうとしているか」を模索し確立するために、自分なりにいろいろ試し、ぶつかり、もがき、あがくといった、揺れ動く危うい状況を避けては通れないのです。

そして答えは、自分なりに出すしかありません。そうしなければ、自分が自覚的に生きることへの原理が借り物になってしまうからです。

こうした意味で、思春期というトンネルを通過してこそ、自分が、世の中が「こういうものなのだ」と会得でき、大人の世界に入っていけるのです。

「自分が何者であるか＝自分のアイデンティティー（同一性）」がわかることによって、他の人と「親密」な関係を築くことができ、結婚も可能になります。

次いで、社会や次世代への関心を深め、子どもを産み育て、社会に送り出します。こうして各段階で、順調に発達できてくると、最終段階で「自分の人生に満足を覚える」ことができるというのです。

このようにみていくと、子育ては、子どもの成長のためばかりでなく、親自身の心の発達に大きく関与していることがわかります。思春期の子どもが起こす問題に対しても、「理解できない」「解決法がわからない」「面倒くさい」と言って、早々と白旗を上げ、見ざる・聞かざるを決め込むなどもってのほかです。

それでは、子どもを悲しませ、失望させるだけでなく、親自身の心の発達にストップをかけることにもなるのです。逃げずに、子どもにしっかり向き合いましょう。

それには、この時期の子どもについてよく理解し、親として、適切な態度で臨むことです。

■「思春期」のつまずき

親とは、子どもを無条件で受け入れ、一人前の大人になるように保護し、躾《しつけ》や教育をする立場にあります。親がこの責務をきちんと担ってこなければ、その弊害として、子どもは寂しさや不安、ときには罪悪感などを覚え、ついには耐え切れなくなって、問題を起こすことにもなりかねません。

とくにそうした親のあり方が問われるのが「思春期」なのです。言い換えれば、子どもの思春期は、親にとって、それまでの子育てに対する審判がくだされる時期ともいえます。うまくいけば思春期はスムーズに過ぎていくでしょうが、そうでない場合はしばしば、不登校や家庭内暴力、拒食症、家出、窃盗、暴力などさまざまな問題が噴出することになります。

つまり、思春期の子どもに起こるさまざま問題は、決して突発的なものではなく、思春期特有の体の変化や情緒の揺れなどが引き金になって、それまでにたまっていた我慢やストレスが、もはや体内におさまっていることができず、その子どもなりのやり方で爆発したといえるものなのです。

この時期、問題を起こした子どもに対して、親としては「あんなにいい子だったのに、どうして」という気持ちになりやすいものです。でも、よく思い返してみてください。本当に「いい子」だったのでしょうか。

たとえば、お母さんに話を聞いてほしくて何度となく話しかけても、「いま、忙しいの。それよりも、宿題は済んだの」「疲れているから、またにしてよ」といった態度をとられつづけたら、子どもはいつしか、相手をしてもらえない寂しい気持ち、つらい気持ちをこれ以上は味わいたくないと見切りをつけ、話を聞いてもらうことを放棄します。母親に話しかけることもなくなります。

また、話を聞いてもらえたとしても、いつも否定されたり、過度に心配されたり、干渉されたりすれば、やはり、寂しさや煩わしさを味わいたくないことから、心を閉ざしてしまいます。

一方、母親は、自分をてこずらせないことを理由に、そうした子どもに対し、表面だけを見て、「いい子」「手のかからない子」と決めつけてしまいやすいのです。

このくい違いがそのままで済まされないところが、人間というものです。

思春期を迎えるようになると、親に正面から向き合ってもらえない寂しい気持ち、つらい気持ちを押さえておくことに耐えられなくなって、親の気を引こうと、親も予期しないような行動をとることさえあります。おとなしい気質の子どもであれば、引きこもりや拒食症を起こすかもしれません。逆に、活発な気質の子どもであれば、家出や非行に走るかもしれません。

親は、「いい子」や「手のかからない子」、「聞き分けのいい子」ほど、その心の中に押え込んでいるかもしれない「寂しい気持ち」「つらい気持ち」に敏感である必要があったのです。

ともあれ、思春期の子どもがとる行動は、それまでの長年にわたる親と子どものかかわり方に根ざすものが多いということを理解しておく必要があります。

■思春期の子どもの特徴的な現象

①躁的《そうてき》防衛

親離れをしていくうえで、わざと生意気な態度をとったり、親を自分の言いなりにしようとして支配的な態度をとることがあります。これは自立したいのにできない子どもにみられる現象で、わざと強がって無力感をのり越えようとしているのです。

親をわざと怒らせて遠ざけることで親離れしようとしていると同時に、親の反応を試しているのです。依存しながら依存を否認している矛盾した自分を受けとめて導いてくれと願っていることを理解する必要があります。

子どもが親に生意気なことを言ったとき、「何でそんな生意気なことを言うのか！」と言って、逆に子どもに手を上げたりすると、ますます子どもとの関係をこじらせることになります。できるかぎり、がっちり受けとめることが必要です。

②攻撃者への同一化

「躾は耳から入らず目から入るもの」と言われますが、小さいときから厳しい体罰を加えられたり、暴力を振るわれて育てられたりした場合、自分を傷つける相手の行動を取り入れて真似《まね》る傾向が起こります。

それまで我慢してきた心の傷を、思春期になって親にぶつけて仕返ししたいという気持ちだけでなく、相手に自分が受けた痛みをわかってもらいたいという気持ちから暴力を振るうことになります。

③退行

幼児期から親に精神的な不安や緊張、葛藤《かっとう》が強くあると、子どもらしいありのままの生活ができずに、子どもの心は抑圧された状態がつづき、それが思春期に爆発することになります。

思春期の初期にみられる〝赤ちゃん返り〟の現象は、子ども自身が思春期の不安を自らの乗り越えるために、一時的に幼児的な行動に退行することで起こります。

☆思春期に起こる問題はここがポイント

◆家出・薬物乱用

〈R子さんの不登校、そして家出〉

R子さんは中学2年生の女の子です。自分の好きなように生きたいからと、校則に違反してミニスカート、ルーズソックス、茶髪を押し通し、学校から厳しく注意されているうちに不登校になってしまいました。親も、いろいろ注意するのですが、R子さんの態度は一向に直りそうもありません。

その日も、母子で言い争いがあったのですが、「3日間、家出する、探すな」と書置きを残し、お金も持たず、夜の1時過ぎに出て行ってしまったのです。

両親は慌てました。迎えに行けば、もっと反抗するかもしれないし、そのままだと悪い人に連れ去られるかもしれない。悪くするとこのまま会えないかもしれないと心配になり、とうとう、お父さんとお母さん、そして小学6年生の弟も含め一家総出で夜中の街に探しに出ました。幸いにも、駅近くの路地裏で友人らとしゃがみ込み、おしゃべりしているのを発見して家に連れ帰ったといいます。

このことがきっかけになって、親子の関係に何かしら通い合うものが感じられるようになったそうです。R子さんにとっては、真夜中に家族皆で探しに来てくれたということが、家族の愛情を実感するチャンスになったのです。

こうしたとき親が放っておいて、そのうち帰ってくるだろうと高をくくって探しに行かなかったりすると、子どもは誰も心配してくれないと思い、もっと心配をかけて何とか気を引こうとするでしょう。子どもは家出によって、じつは親の愛情を試しているのですから。

こんな子どもの気持ちに対するには、親は頭で考えて行動するのではなく、体の内からわき上がる思いや勘に頼るべきです。家出したなら、なりふりかまわず髪を振り乱して子どもを探しに行くべきですし、ねじ伏せてでも家に連れ戻すべきです。そして「あなたは私の大事な子なのよ」と、しっかり抱きしめるのです。

ところが最近の親には、こうした理性を超えた熱い思いが欠けているように思えることがよくあります。これでは、子どもがかわいそうだと心配になります。

R子さんのお父さんは、これまでに自分の人生のなかで体験したつらかったことや、楽しかったことなど、正直にさらけ出して話すようにしたといいます。ところが、お母さんのほうにはまだまだ問題がありました。心配性が高じて、ますます過干渉になる傾向が見られたのです。

こうした心配症や過干渉は、お母さん自身に自信がなかったり、知識がなかったり、不安があったりすると、現われやすい態度なのです。これに対する〝特効薬〟は、子どもに向かってグチを言うのを一切やめ、子どものいいところだけを見ていくことです。そして、も

しかしたら明日、この子どもと別れることになるかもしれないというくらいに切実な思いで子どもに対することです。そうすれば、きっといいところがどんどん見えてくるようになるはずです。

お母さんの手づくりの食事も、子どもがお母さんに大事にされていることを感じる助けになります。そうして親子の絆を実感する体験が、子どもの気持ちを安定させます。その分、歪《ゆが》んだ自己主張をする必要もなくなっていきます。

幸い、お母さんがR子さんとの接し方を考え直したことで、R子さんにも変化が現われ、学校にも元気に通うようになりました。

○ここがポイント――「親だけは味方をしてくれる」が子どもの安心

世界のすべての人が敵であっても、すべての人から不信を抱かれても、子どもは、親だけは味方をしてくれると信じているからこそ安心して生きていけるのです。そのはずの親からないがしろにされたら、子どもはどうすればいいのでしょうか。

悲しみや罪悪感、不安などで揺れる心をなんとか満たそうとして家出をし、携帯電話をベビー用オシャブリのように固く握り締めて、街をフラフラと彷徨《ほうこう》しても不思議はありません。

しかし、それだけですまないのが、せちがらい世間です。人の弱みにつけ込む悪い人間もいるのです。たとえば、〝やさしいお兄さん〟を装って街をさまよう子どもに食事などをご馳走《ちそう》して顔見知りになり、大麻や覚醒剤など薬物をすすめるようになることだってあります。

薬物が怖いのは何といっても、体が反応して、やめられなくなることです。薬物が欲しければ水商売や風俗で働けと強要され、みるみるうちに転落の道をたどることになります。それで実際、廃人になってしまった悲劇も起こっているのです。

親は、子どもを保護し、躾、教育する立場であることを忘れてはなりません。ときにはニュースなどを話題にして、社会のルールや世の中の怖さなどをきちんと話して聞かせることも大切です。

◆いじめ・不登校

〈家庭の雰囲気の変化が学校に行くきっかけに〉

T君は、中学1年のときの転校がきっかけで学校に行かなくなりました。

転校前の学校ではバスケット部に所属し、選手として活躍していました。それで転校した中学でもバスケット部に入部したのですが、前の学校とはだいぶ雰囲気が違っていました。それでもT君としては自分の実力なら当然レギュラーにしてもらえると思っていたようです。ところが、そんな態度を気に食わなかったのか、周りからいじめを受けるようになったのです。

T君は学校に行っても教室には入らず、保健室に通うようになりました。それに気づいたクラスメートの一人が、テストの知らせや授業のノート、資料などを届けてくれたりしましたが、T君に変化はありませんでした。

お母さんは毎日、学校の門までT君を送り届けましたが、学校の対応が悪いからだと不満をつのらせ、担任の先生やT君の友達の親とは接しようとしませんでした。

そのうち、T君が学校に行かない日が増えていきました。それでも塾には通っていて、大声を出すほど元気にしているし、成績も悪くはないので、お母さんとしては、これでもいいのではと思っていたようです。

しかし、不登校がしだいに長引き、友達とも交流せず家にばかりいるT君を見ていると、このままでは、この子は幸せになれないにちがいないと、お母さんはしだいに心配になってきました。

よく考えてみれば、T君には授業の資料やノートを持ってきてくれる友達がいるし、あきらめずに働きかけてくれる先生もいる。それなのに、母親の自分が学校を批判し、さらには学校に行けない子どもや、責任をもとうとしない夫のことも批判ばかりしている。それで、子どもは周りの人たちと積極的に交わることができなくなっているのかもしれない。そ自分がもっと周囲の人たちに感謝する気持ちをもち、やさしい気持ちをもてば、子どもは変わるかもしれない。

お母さんはそう思うようになったそうです。それからは、怒ってばかりいないで家族をほめたり、楽しそうに振舞うように心がけました。そうしているうちに、家庭の中が明るくなり、家族が互いにいたわり合うような雰囲気になっていることに気づきました。何より、それまでは会話のほとんどなかったＴ君とお父さんが楽しそうに話すようになったといいます。

そんなある日の朝、Ｔ君を見ると学校へ行く準備をしていました。そして、それまで何もなかったように出かけて行ったそうです。

◯ここがポイント――「不登校」のタイプを見きわめる

文部科学省では、年間で欠席日数が30日以上を数えると「不登校」と定めています。小・中学生の不登校児は40年くらい前は約1万人だったのに、２０１４年度の調査では、12万人くらいまでに急増しているというのです。

ただし、ここでは欠席日数しか着目していません。欧米では、不登校児に対し、欠席する原因にまでさかのぼり、いじめや学業成績の不調、教師側の対応のまずさなど学校側の問題によるものか、あるいは学校のなかに原因が認められないのに学校に行くことができない母子分離不安（母子間の絆がうまく築けていない）など情緒障害によるものかを鑑別しています。情緒障害を伴う不登校の場合には、これを「登校拒否」と考え、他の「不登校」と分けています。

表３‐１はドイツの臨床家が、不登校児を鑑別診断するうえで、いちばん簡単な方法として作成した診断法です。

まず、不登校児の訴える身体症状（腹痛、頭痛、食欲不振、嘔気、だるさ、視覚不良など）が、肉体的疾患によるものでないことを確認します。

そのうえで、学校に行かないで家にいると答えた場合には、家の中にずっといるのか、外へ出歩いてしまうのかを区別します。

つづいて、家の中にずっといる場合、家族の世話をしたり、小さい子どもの面倒を見ているといった建設的なことをしているか否かを区別します。

もし、ただ閉じこもっているだけということが判明したら、両親なり、学校の先生が、その子どもを小児思春期精神科へ連れて行きます。そこで、さらに細かいチェックが行なわれ、肉体的疾患を調べたうえで精神分析的診断が行なわれます。

その結果は、四つのタイプに分けられます。

①学校に不安

②社会性の退行と対人関係障害

表3-1　不登校児の診断法

身体疾患がありますか？　はい　いいえ↓

学校に行っていないときは外に出かけているのですか？　はい（学校さぼり）　いいえ（自宅にいる）↓

自宅にいるときは活動的に行動していますか？（例：病気の家族や小さい兄弟の世話など）　はい　いいえ↓

学校へ行くことを恐れますか？

神経症的不登校 1と2：“学校不安” （教師と級友との接触｜関係障害 学業成績に問題がある） 3と4：“学校恐怖” （学校環境に関して直接関係が認められない 回避）	1	学校に不安
	2	社会性の退行と対人関係障害
	3	家からの分離不安
	4	恐怖、不安（人の集団、交通機関）

③家からの分離不安

④恐怖、不安（人の集団、交通機関）

①と②は〝学校不安〟のカテゴリーに属します。学校の先生との問題、成績の問題、嫌いな授業があるなどです。また、いじめなどの問題で学校生活や対人関係などがうまくいっていないなどです。

③と④は〝学校恐怖〟のカテゴリーに属します。学校のなかに直接、原因が認められないのに、学校へ行くことに不安をもちます。なかでも、母子分離不安の状態が顕著に認められると、真の意味での登校拒否と診断されるわけです。

ドイツをはじめヨーロッパで行なわれているこうした診断基準では、国際疾病分類にし

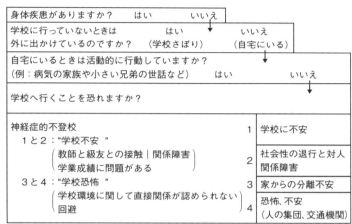

たがって、登校拒否は「小児期に特異的に発症する情緒障害（ICD‐10のF‐93）」に、また同年輩の友人との対人関係がうまくいかない不登校は「行為障害（ICD‐10のF‐91・2）」に分類されます。

いずれにしても、こうして鑑別診断することが重要なのは、それにより治療方針がはっきりと決まってくるからです。

ここで、不登校に対する治療のポイントを挙げてみましょう。

〝学校不安〟の場合には転校を考えることも必要ですが、〝学校恐怖〟の場合には、学校を休みだしたら2週間以内に原因を見つけ、解決策を講じる努力が必要です。

①〝学校恐怖〟の慢性化を防ぐためには、できるだけ早く登校できるようにする。場合によっては、少しの時間から始めるとよい。
②登校を要求するのではなく、少しの時間の登校でもほめてあげる。
③一般的に〝学校恐怖〟の場合は転校は助けにならない。
④外来での処置がうまくいかないときは、速やかに入院させ慢性化を防ぐようにする。
⑤両親の支え、首尾一貫した養育態度が求められる。
⑥ホームドクターや小児科医など、子どもに関与する人間は、統一したやり方をしなくて

はならない。

とくに母子分離不安が原因になっている場合は、専門家のもとで子どもだけでなく両親に対しても家族療法が必要になります。さらに、担任や級友が温かい受け皿になって支えることは治療には不可欠です。とくに担任の力が大きな助けになります。

「不登校」の原因として〝いじめ〟が関係している場合もあります。いじめを受け始めた子どもの心の傷は、ちょっとタイミングが遅れるだけで一気に傷が深くなります。もしいじめを受けているのではないかと予兆を感じたら、普段と違ったところがないか、より深く関心を向けます。同時に、親はいつもあなたの味方であるというシグナルを送りながら、子どもが自ら打ち明けやすい雰囲気をつくるようにします。もし、子どもが打ち明けてきたら、臆さず学校にも相談します。

じつは、いじめの根本にある問題は人間としてのやさしさに欠けていることです。子どもの心が成長し、相手を思いやる気持ちをもてるのは温かい家族関係のもとでゆったりと育った体験があるからです。

もし子どもがいじめに関係していることがわかったら、こうしたことを家族でもう一度考え直すことが必要です。とくに日本の場合は、経済的ゆとりはともかくとして、時間的ゆとり、空間的ゆとりが子どもとの温かい関係づくりに大きく影響していることが多いので、そうしたことも含めてもう一度、家族の関係を考え直してみてください。

◆引きこもり・家庭内暴力

〈「ママなんか死ね」と思うほど母親に反発していたA子さん〉

A子さんは、中学1年のとき、学校でのいじめがきっかけで家に引きこもるようになりました。家族ともほとんど口をきこうとはせず、猫を相手に部屋に閉じこもっていました。

A子さんにはお兄さんがいますが、お母さんとしては、子どもたちが小さいころから上の子には気持ちが向くのに、下のA子さんには気持ちがあまり向かわなかったようです。それは、お母さん自身の娘時代に、自分の母親と合わず、寂しい思いをしていたからだろうといいます。

A子さんのなかにも「お兄ちゃんにはやさしくするのに、私にはいつも冷たい返事ばかり。私が何を聞いても、そっぽを向いていた。学校に持っていく持ち物にもなかなか名前を書いてくれなかった。私を置いてきぼりにして、いつもお兄ちゃんを連れて出かけてばかり。ママなんか死ね」といった思いがありました。

　このままではいけないと気づいたお母さんは、A子さんが幼かったころのことを思いだしてみました。

　病院で出産したとき、初めて看護婦さんに抱かれてきたA子さんの小さな手足に触れたときの感触、初めて抱っこしてお乳を飲ませたとき、お母さんをじっと見つめていた澄んだ瞳、お母さんの目と合うたびパーッと顔が輝いてケラケラ笑いだした幼いA子さんの可愛らしい笑顔……。

　そんなありのままのA子さんをそのまま受け入れていたときのことを思いだしていると、A子さんが愛おしく思えてきて、いまのA子さんに対してもありのまま、やさしく包み込んであげたいという気持ちになったそうです。そして久しぶりに、いっしょにお風呂に入ったといいます。

　A子さんも、そんなお母さんの変化に気づいたのでしょう、それまで心にたまっていた思いをありったけ手紙に書き、お母さんに渡しました。それから2日間、死んだように寝ていましたが、心配になったお母さんが食事を部屋に持っていくと、涙を流しながら「お母さん、有難う。私、もう大丈夫よ」と自分の気持ちを伝えてくれたそうです。

○ここがポイント―ありのままを愛してもらえなかったという思いを癒《いや》す

家庭内暴力の典型的なケースは、引きこもりなどによる〝もやもや感〟を晴らすために、親に向かって「死ね！」「うるさい！」といった罵声《ばせい》を浴びせ、カーテンを切り裂いたり、壁を叩いたり、モノを投げたりと暴挙に及びます。

親はといえば、「小学校まではおとなしくてまじめな、とてもいい子だったのに……」と茫然《ぼうぜん》自失となって、目の前で起きていることが理解できない傍観者になることで、目の前の現実から目を背けようとします。

以前はおとなしかったというのは親の誤解です。親の過干渉や心配症などによる口やかましさに怖れをなして、はむかえなかっただけなのです。自分の言いたいこと、したいことを我慢して、口をつぐみ、わがままを言わなかっただけなのです。自分を認めてもらえない、受けとめてもらえないという寂しさで心はいっぱいだったのです。

思春期を迎えると、子ども自身の心と体、それを取り巻く環境には、それまで体験したことのないような激しい変化が起こってきます。

性ホルモンの分泌が活発になる、勉強がむずかしくなる、周囲の目が気になる、両親の不仲が目につくなど、自分の存在を危うくするようなことが次々と重なってきます。

こうなると、それまでは何とかもちこたえていた寂しさを、これ以上一人で抱えていることができなくなってしまいます。ましてや、それをのり切るパワーなどどこにも残っていない。それで、引きこもりになったり、反対にそんな自分へのいらだちがエスカレートして家庭内暴力を起こしたりするのです。

思春期には、現実の自分と、こうありたいと思う理想の自分とのギャップがあまりに大きいことに直面します。それでも父親や母親にありのままの自分を受け入れ、愛されてきたという実感があれば、何とか超えていこうとします。それが弱いと、耐えられなくなって自分の中に引きこもったり、反対に家族を攻撃するようになったりすることもあります。

ちなみに、家庭内暴力を対象別に見た統計では、母親に対するものがもっとも多いと報告されています。

すでに閉じこもりや家庭内暴力があるとしたら、何よりも親のいたらなさを反省し、夫婦の仲を修復し、温かな環境を整えることがいちばんの土台になります。そのうえで、子どものいまあるそのままを受け入れ、見守ってあげてください。そばに居てあげてください。おいしい食事をつくってあげてください。そうすることで、いつの日か、子どもの心が癒されることを信じて、見守りつづけることです。

それを、「こんな子は知らない」「親も子もそれぞれの人格であり、それぞれの人生があるのだから仕方ない」と逃げてしまうと、子どもは見捨てられたと絶望し、今度は復讐に向かうようになります。親を困らせるために、刑事事件を犯すケースだってあるのです。

◆援助交際

〈駅前で援助交際を仕掛けていた女子高生〉

東京・池袋の駅前を歩いていたとき、遭遇した出来事です。タクシーから中年の男性が降りてくると、その人に向かって、近くのベンチに座っていた女子高生が指を４本、立てたのです。私（高橋）は思わず、女子高生に「そんなことするもんじゃないわ」と声を掛けてしまいました。

「私の体だもの、勝手でしょ」と、彼女は言い返してきました。「私の体っていうけど、血一滴、自分でつくったことあるの？」「ここまで生きてこられたのは、食べてこられたのは、誰のおかげなわけ？」「あなたが生まれてくるときにも、お母さんの胎内では、もの凄《すご》くドラマチックな生命の営みがあったのよ」「人間の体はとても精密につくられていて、他人の体が触れただけでも反応するでしょ。男性の体液が自分の体の中に入ったら、どんなことが起こるか、想像したことある」「もし、体が快感を得たとしても、魂は凄く悲しんでいるわ」「体も心も喜ばないような不幸せなことはおやめなさい。男性の生理を処理する道具なんかになってはいけないわ」「頭のいいお嬢さんなんだから、わかってくださるでしょ。一生を託せるという人に出会うまで大事にしてね」「うるさいと思うかもしれないけど、同じ女性として言いたいの。聞いてくれて、ありがとう」

と、私の率直な考えを気持ちをこめて短い時間に一気に話しかけました。

するとと、彼女の顔がすっと明るくなるのを感じました。彼女は、「すいませんでした」とひと言謝って、人ごみの中に消えて行きました。

彼女にとって、私はたまたま出くわしたおばさんにすぎませんが、親や周囲の大人がこうして語りかけてあげれば、彼女のような子どもたちの心に自分自身の大切さが伝わるのではないでしょうか。

○ここがポイント——家がつまらないと感じる子どもの心が援助交際の温床になる

援助交際をする子どもに理由を聞くと、「退屈でつまらないから」「お金がほしいから」「友達もしているから」といった答えが返ってきます。「退屈でつまらない」とは、家庭に対して、また親子関係に対して言っているのであり、家にいてもつまらないから外で遊ぶ、そのためにお金もほしくなるわけです。つまり、援助交際には親子関係が深く関係しているのです。少女がタバコを吸っている姿にも同じようなものを感じます。

家庭では満たされない心の寂しさを紛らわすために、子どもたちは外に肌のぬくもりを求めようとします。しかしそこには、本当の意味で心を満たしてくれる愛情はありませんから、援助交際をしたことのある子どもたちの口からは、「あんなこと、ホント、いやだった」、「早く、こんなことするの、やめてほしいと思っていた」などという言葉が出てきます。

本来、男女の交わりは、大切な人との出会いから始まる歓びであるはずなのに、こんなふうにしか男女のことを感じられないのは、とても悲しいことです。将来の男女関係に影響するかもしれません。

とくにいまの子どもたちは、自分と自然や社会、家族、過去などとの繋がりのなかで、自分の存在をしっかり自覚しないまま過ごしているように思います。その分、根無し草のようにふわふわと漂っているように見えます。

「あなたはあなただけの存在ではないのよ」と、普段から子どもと真正面から向き合って語りかける。たとえ、まともに聞いていないようでも、面倒くさがらずに、あきらめずに語りかける。大事なのは、親との繋がり、さまざまな存在との繋がりのなかで子どもが存在していることを実感できるようにしてあげることです。

◆万引き

〈母親が自分の気持ちを大切にしてくれると感じたF子さん〉

F子さんは14歳。家に帰ってきたF子さんのカバンからはみ出している化粧品を見つけたお母さんが、「それどうしたの」と聞くと、友達からもらったと言います。不思議に思ったお母さんがさらにカバンの中を見ると、大きなシャツも出てきました。「怒らないから正直に話して」と言うと、友達といっしょに万引きしたと打ち明けました。

F子さんの上には優秀なお兄さんとお姉さんがいます。それで、お母さんとしてはF子さんのことも安心していたようで、万引きをしたことには本当にショックを受けたようです。

F子さんは、以前からその友達とは仲がよくて、いっしょにゲームをやったり、買い物をしたりしていましたが、その日は、ふたりとも気持ちがもやもやしていて、つい万引きをしてしまったと言います。友達は見つかってしまい、品物を店に返したようですが、F子さんは見つからずに家に持ち帰ってしまいました。

「それは悪いことだから店に返しに行きましょう、お母さんもいっしょに行くから」と言い聞かせて店に行き、店長さんの前で手をついてふたりで謝りました。店長さんは今回だけは警察には届けないからと言ってくれました。

それでもF子さんとしては、その友達のことをとても大切にしているようなのです。お母さんは、その友達とのつながりがあるおかげで、F子さんが自殺するとか、もっとひどい状態にまでならずに済んでいるのだ、そして、子どもたちの万引きは物が欲しかったのではなく、親の気持ちが欲しかったのだと気づいたそうです。

「あなたがそれほど大切にしている友達を見捨てるわけにはいかないわね。私がその子のお母さんに会って、いっしょにあなたたちのことを考えましょう」

そうF子さんに説明して、友達のお母さんに会い、その後、F子さんといっしょに家にも遊びに来てもらうと、その子はピアスを付け、厚底の靴をはき、タバコも吸っているようでした。それでもお母さんは、F子さんの大切な友達として温かく迎えるように心がけていました。

それまでは、お母さんは自分の気持ちを受けとめてくれないという不満があって、何を言われても反発していたF子さんでしたが、自分が大切にしている友達を温かく迎え入れてくれるお母さんの姿を見ているうちに、お母さんは自分の気持ちを大切にしてくれると思ったのでしょう、お母さんと向き合って話すようになっていました。

それからは、お母さんが、万引きをしていけないことなど大人の社会のルールを話して聞かせても、素直に耳を傾けてくれるようになったといいます。

○ここがポイント—大人のルール感覚を根付かせる

思春期の子どもの万引き事件は、後をたたないというのが実情です。肉体的にも、精神的にもストレスの多い時期だけに、もやもやした気分を晴らすために一時の出来心やゲーム感覚で万引きしてしまうことも多くみられます。また、中学生のころは何といっても仲間が大切ですから、集団万引きなどの場合、グループから外されないために事に及ぶケースも珍しくありません。

子どもが自分に自信や責任をもち、NOと言える自分を確立できるようにすることが肝心です。同時に、万引きは反社会的行為であり悪いことであると、しっかり言葉にして伝えなければなりません。思春期のうちに身につけなければならない社会的ルールを体得するうえで、もっとも深く影響するのが親の示す社会的な行動規範だからです。

親のもつ善し悪しの規準が、子どものいちばんの手本になります。それを怠ると、子どものなかに自分が問題を起こしているという感覚が育たず、万引きにはじまり、ついには凶悪な強盗事件にまでいきつかないともかぎりません。

子どもに大人のルール感覚を根付かせるのは、親のつとめであることを忘れないでください。幼少期の子どもが万引きをすることもありますが、そこには罪の意識はありませんから、そのときには、親はパニックにならず、「これが、欲しかったんだね。気づかなくて、ごめんね」と謝ってあげることです。

☆子どもが被害を受けたときの対応

思春期は、子どもから大人への移行期で心が不安定になりやすいだけでなく、非常に感受性が強い時期なので何かショッキングな体験をすると、それがトラウマ（心的外傷）となり、かなりの年月をへても引きずってしまうことがしばしばみられます。

ＰＴＳＤ（心的外傷後ストレス障害）も、その一つです。この障害の症状としては、

①被害体験を何度も思いだして恐怖で混乱する、あるいは思いださないようにしようとして感情が麻痺《まひ》し無感覚になる

②夜眠れなくなる、ビクビクおびえたり、イライラしたり、怒りっぽくなったりして感情がコントロールできなくなる
③自分のせいだと、自分を責めてしまう

といったことがあります。

なお、フラッシュバックといって、年月が経過した後でも突然、そのときのことが呼び起こされ、おびえたり、苦しんだりすることもあります。症状が出た場合は、専門家の治療を必要とします。

強い衝撃を受けるような体験をした子どもには、次のように接してあげてください。子どもの話を「たいへんだったね」と言って、じっくり聞くようにします。ただし、子どもから話しだすまで待つこと、そして非難しないことが肝心です。

一人の女の子が塾帰りに痴漢に遭い、家に帰って話すと、父親から「おまえにスキがあるから、そういうことになるんだ」と叱られて、その子はさらにつらい気持ちを味わい、父親にたいへん失望したといいます。

当人はキズつきながらも話しているのですから、その気持ちを十分に汲んで、非難せずにすべて受けとめて、よく聞いてあげることが大切です。

なお、こうしたとき、「気にすることはないよ」とか「元気を出しなさい」とか、安易に慰めたり、励ましたりするのはかえって逆効果というものです。自分の悲しみはわかってもらえないと思ってしまい、より一層キズついてしまうこともあります。あるいは、励ましに応えられない自分を責めて苦しむことにもなりかねません。

子どもは平静を装ってあまり動揺していないように振舞うかもしれません。それは、ショックなあまり現実が認められず、自分の気持ちを抑圧して普段と変わりないようにしているからです。そんなときも、あくまで子どもの悲しみや苦しさを理解してあげることが大切です。

〝時がたつ〟のがいちばんの薬で、心のキズが癒《い》えるには時間がかかるのです。どこまでも子どもに寄り添って、本人が自分から立ち直るのを支えてあげてほしいと思います。

親としては、どうしてこんなことになったのだという気持ちを引きずってしまいやすいものですが、交通事故か何かに遭遇してしまったというくらいに思って、気持ちを切り替えてしまうことが肝心です。

子どもに対して「何があってもあなたの値打ちは変わらない、あなたが大好きだ」と言いつづけてあげてください。そして、楽しい思い出をたくさん重ねてあげてください。

■親のあり方

子どもは愛され温かく尊重される環境のなかで育てられてこそ、身心ともに豊かな成長を遂げることができます。過度に不安や緊張を強いられる状況のなかでは、脳の活動はストップし、認知行動系の発達が遅れるといわれています。

先にもふれたことですが、母親の左腕と胸と右腕でつくられた「人工子宮」(安全な場)の中で乳児は生後数カ月を過ごします。そのとき赤ちゃんが、自らの生には一定の秩序と連続性があり、それは周囲の人々からも支持されているということを体感できるような環境を整えてあげる必要があります。

子どもにとっての家庭とは、この人工子宮が子どもの成長に沿って拡大されたものであるとも考えられます。

子ども時代と思春期には、できるだけ心的外傷(トラウマ)にさらされないように配慮してあげることも必要です。

トラウマとは、こうあるべきだと確信していることを粉砕され、自分の世界観に亀裂が生じるような体験のことですが、こうしたトラウマにさらされると、不安や恐怖、抑うつ感、絶望、空虚感などが生まれます。

その修復のための防衛反応として多重人格を含む乖離《かいり》性精神障害、境界人格障害、精神病状態などを招くといわれます。

子どもの成長発達をよく理解したうえで、こうしたトラウマから子どもを守りぬくことも親の務めです。どういうことがトラウマになるのか、具体的な内容を挙げてみたいと思います。

①親の暴力、養育の怠慢
②夫婦間の暴力がくり返される家族のなかで育つ（自分が暴力の犠牲にならない場合でも暴力の目撃者の役割をさせられることが、攻撃者への同一化につながる）
③子どもへの過度の期待が圧力になる。親の価値観を押しつける
④緊張感の強い家庭。父親が偉すぎて家族まで緊張してしまう家庭。周囲がその子の自然な姿を否定するようなかかわり方をする環境
⑤両親の不仲（父母の喧嘩）
⑥大人の世界と子どもの世界のけじめがなく、親の夫婦生活や家計の苦しさなどについて

親の相談相手になる。子どもは親を慰める役割をさせられ、子どもらしく甘えたり、要求したり、自己主張したりすることができなくなる

⑦病人や幼い子どもの世話を任されて「親化」の状態に置かれることで、子ども同士の世界で遊んだりする体験を奪われてしまう

⑧母親がつねに姑の期待を読みとり、それを満たそうとして子どもを支配する

⑨父親の単身赴任による母親の過度の緊張

⑩親が兄弟姉妹の誰かを偏愛する

⑪親が、自分の憂さ晴らしをするように厳しすぎたり、熱心すぎたりするような躾やかかわり方をする（虐待に通じる）

⑫幼い子どもに無理な塾通いや留守番をさせ、我慢を強いる

とくに思春期の子どもにとって、両親の仲がよいことは非常に重要です。男の子は父親から理想の男性像を、女の子は母親から理想の女性像を獲得し、親に同一化しながら親離れをしていくことができます。

もし父親が母親以外の女性との関係をもっていたりすると、母親の寂しい気持ち、憂う

つな気持ちが子どもにも伝わり、暗い家庭となるばかりでなく、成長するにつれて異性に対する不信感を抱くようになりかねません。

思春期の子どもに対しては、親が、夫婦以外の男女とは一線を画し、互いの性を尊重し合う姿を示すべきです。

万が一、夫婦間に問題があっても、母親は絶対に父親の悪口を子どもに言ってはいけないと思います。母親自身の苦しみは非常につらいものだと思いますが、どうぞ子どものためにできるだけ歯をくいしばって頑張ってみてください。

母親が口を開いて父親を批判することは、子どもにとってはストレスを招くだけで、事態は悪化するだけです。何とか夫婦できちんと話し合うことが大切です。

とくに思春期の子どもの前で悪口を言ってしまうと、それを子どもの心から消すことはむずかしいのです。子どもが思春期を通過して成人してから、昔のつらかったときの話として語っても遅くはないと思って、心にしまっておいてください。

思春期の子どもをもつ親として、ぜひ知っておいてほしいことがあります。それは**「性差境界」**と**「世代境界」**ということです。

父親の立派さや母親の素晴らしさを子どもに語ることで性差境界を伝える努力をするこ

とは、思春期の親としてたいへん大切です。夫婦としての、つまり男性と女性としての、きちんとした倫理観とけじめ（性差境界）を子どもに伝えてあげるようにします。

もう一つは、大人の世界と子どもの世界の区別（世代境界）をはっきりさせることです。このことは、社会全体で考えなければならないことだと思いますが、最近の風潮は「これは子どもに見せてはいけないものだ」「これは子どもに食べさせたり飲ませてはいけないものだ」といった判断がしっかりなされなくなっています。

生後間もない赤ちゃんを炎天下、車に乗せたままにしておいたり、デパートなどの人混みの中に平気で連れ出したりすることも、小児の身体についての知識があまりに不足しているからだと思います。

殺人や暴力の場面がテレビや雑誌に映し出され、それらが子どもたちの目に直接入っていても無関心でいられるのは、子どもの成長発達についての知識が欠けている未熟な大人が多いためといわざるをえません。

4

思春期には自立を助ける親の配慮が重要

◎思春期のまま親になっている?

多くの親御さんと接していて、親としての感性が以前と比べて、かなり変わってきたなと痛感することがよくあります。

たとえばそれは、親御さんから受ける質問の変化にも現われています。ある日、一人のお父さんからこんな質問を受けました。

「中学1年になる娘といっしょにお風呂に入っているが、悪いことでしょうか。体も洗ってやっているが……。自分としてはいつまでも娘と入浴したいのだが、妻が反対している」というのです。「思春期を迎えている一人の女性として考えてみてください」と応えますと、いきなりガチャンと電話を切ってしまいました。

思春期を迎えた子どもが、一人の人間として、一人の女性として自立しようとしていることを理解していれば、おのずと判断できることだと思われますが、そうした知識や感性が親から失われつつあるのだろうかと心配になります。

また、これまでは子育てに関する相談は、そのほとんどが親御さんからのものでしたが、ここ数年、親のことで子どもの側から相談を受けることが驚くほど増えています。

たしかに多くのお母さんを見ていて、心は思春期の世界にとどまったまま親になっているのではと思われることがよくあります。親にはなっても、心はいまなお、思春期の直中《ただなか》にあるかのごとく、自分探しをつづけているのです。

いまだ「自分」を見つけられない不安が大きすぎて、子どもを保護し、躾《しつけ》、教育することに専念しきれないのだと思います。これでは、親の責任を果たすのはむずかしいかもしれません。

どうして、このような親が増えてきたのでしょうか。その答えの一つは、いまの親たちが育ってきた戦後日本のあり方にあると思います。

そこでは、高度成長によって経済を発展させることが幸せにつながると信じられてきました。生産の現場では、効率よく生産を伸ばすこと、そのために徹底した管理を行なうことが効果的であると考えられました。

問題は、そうした価値観がそのまま家庭にもち込まれたことなのです。子育てにおいても、親は子どもの成績を効率よく伸ばすことを目標に、親や教師ができるだけ管理しやすい状態に子どもを置こうとしました。

そんななかで子どもたちは、いまの自分ではダメだ、もっと親や周囲の期待に応えようとけなげに頑張りました。それでうまく親の期待に応えられた子どもは何とか前へ進みましたが、なかにはうまく応えられない子どもも出てきます。そんなことではダメだ、もっと頑張れと叱咤《しった》激励されるうちに、自分は本当にダメな子なのだと寂しさや不安感、さらには罪悪感さえ抱えて悩み始めてしまいます。

ついには、二度とこうしたつらい気持ちを味わいたくないという思いが押し寄せてきて、大人の言うことに反発したり、〝感じること〟自体をやめてしまい、無感覚、無感動になり、現実と向き合うことを避けるようになります。

これでは、思春期になっても、自分探しがなかなかうまく進まず、大人に脱皮するまでの猶予期間（モラトリアム）が延々と長引いてしまうのは当然です。精神的に大人へとなかなか脱皮できないまま年齢だけは大人になったような親が増えているようで心配です。

かたちのうえでは親になっても、心は思春期という世界で足踏みしているようであれば、子育てはつまらないもの、むずかしいもの、煩わしいものと感じても仕方のないことかもしれません。しかも、人は「育てられたように育てる」わけですから、自分が歩んできた同じ道を子どもにも歩ませるものです。これでは、親も不幸でしょうが、子どもはさらに不幸です。

親として一人の人間ですから、子どもを育てるむずかしさを感じるほど自分自身を育てた親を責めたくなるかもしれません。しかし、それ以上に目の前にいるわが子の幸せを思って、自分の気持ちを切り替えてほしいのです。

自分と親との関係を振り返ってみてください。自分の親に対して、一つでもふたつでもいいですから有り難かったことを思いだしてみてください。そのなかで自分を見つめ、自分と語り合い、自分を認め、好きになるようにつとめてください。

それができた分だけ、人に対しても許したり、大切にしたりする気持ちが高まってくるでしょう。子どもに対する気持ちも必ず変わってくるはずです。

〝成熟した大人〟について心理学者のアンダーソンは次のように説明しています。

・自分が何者かより、何ができるかをいつも問題にする
・明確な目標をもち、能率よく仕事をすることが習慣づけられている
・個人的な感情をコントロールすることができる
・客観性をもつ
・自分に対する批判や示唆《しさ》を冷静に聞くことができる
・自分の失敗に対して責任感をもつ

◎自分に100点満点をつけることから始める

ここで質問を一つ。「ご自分に点数をつけるとしたら、100点満点で何点をつけますか?」

90点、80点、60点、30点……。どうして100点満点をつけないのでしょうか。そのマイナス点は、どんな理由によるのでしょうか。それがどんな理由によるものであっても、マイナス点にするのが本当に妥当といえるのでしょうか。

答えは「ノー」です。広大な宇宙のなかに、そして悠久なる歴史の流れのなかに私が存

在することだけでも素晴らしいことなのです。これだけでも文句なく100点満点なのです。
しかも、その私はただの一度も不幸を願って生きているわけではないのですから、そんな自分にマイナス点をつけることは百害あって一利なしです。他人の眼で評価してマイナス点をつけていると、いつも、心のどこかに「ここがダメだ、あそこがダメだ」という思いを引きずることになり、ネガティブな世界に居つづけることになります。これでは、いつまでたっても、自分の価値を認め、相手の価値も認めて周囲に気配りできる自立した大人になるのはむずかしいというものです。
ともあれ、無理にでも自分に満点をつけたうえで、自分自身に次のように言い聞かせてください。

「あるがままのいまの自分自身を最高として受け入れることを決意しよう」

「いままで抑圧してきた自分をいたわり、癒《いや》し、詫《わ》び、許し、本来の自分の言い分に耳を傾けてみよう」

「自分には無理な生き方だと思ったら、勇気をもって違う生き方をしてみよう」

「自分に対し否定していた面をすべて肯定の言葉で置き換えてみよう。たとえば、日ごろ〝怒りっぽい〟と感じていたら〝元気がいい〟、〝消極的〟と思うなら〝慎重だ〟というように。また、〝デブ〟なら〝肉感的、グラマー〟〝可愛げがない〟なら〝しっかりしている〟というように」

そして、自信をもって「私は満点。私は幸せ」と断言してください。そして〝自分をほめ、認め、好きになる〟のです。こうした思いこそ生命のパワーを高め、自分を向上させ、育てていく力強い駆動力になるのです。

◎親に必要な四つの力――自立する力・対話する力・情報力・食事力

営業マンとして成功するには、対話する力や情報力がとても大切なことはわかっていても、親にもそうした力が重要であることは意外に理解されていません。一人の人間として自立しながら、さまざまなタイプの人と対話したり、必要な情報をキャッチして消化したりする力が親としても重要なのです。

●自立する力――

親が自分に自信がなく、周囲の目を気にしたり、結果だけを重視したりして、気持ちが不安定であったり悲観的であったりすると、その庇護《ひご》のもとにある子どもはなおのこと不安定になり、悲観的になってしまいます。片や、親が自分の価値に自信をもち、自分は自分という自立心をしっかりもっていれば、子どもは安定し、自尊心をしっかり築いていくことができます。

「お母さんはね、これだけは大事にして生きてきたんだよ」「お母さんは、自分のこんなところが好きなのよ」「迷ったときは、こんなふうに考えて乗り越えてきたんだよ」と、一人の女性、一人の人間としてどんなふうに生きてきたかを言葉にして伝えるといいのです。

このとき、「あなたはどう思う？」と子どもの気持ちをいつも大事にしていることを伝える言葉も最後に添えてください。

自立心の基盤は、自分に自信をもつことです。それには「いまある、ありのままの自分で十分」と自分を信じ自己評価する必要があります。

もし自分の心に貼り付けてきたレッテルが自己評価を下げているとしたら、思いきって貼り替える作業をしてみたらどうでしょうか。たとえば、自分はのろまな性格だと思ってきたとしたら、何事にも丁寧《ていねい》で慎重な性格なのだという具合にやってみるのです。

とてもそうは思えないと、首を振るのはよしましょう。人生を変える第一歩はまさしく、自分の気持ちを変えることから始まるのです。

気持ちが変われば、行動が変わる
行動が変われば、習慣が変わる
習慣が変われば、性格が変わる
性格が変われば、運命が変わる
運命が変われば、人生が変わる

――という言葉がありますが、まさにそのとおりだと思います。

今日こそ、自分の人生が新しく生まれ変わるチャンスです。この年齢になっていまさらなどと思うことはありません。

人生の最後の日から数えれば、年齢に関係なく誰にとっても、今日がいちばん〝若い日〟

なのですから。

自分の価値を感じると、自然と自発性や創造性などが活性化され、周囲の目を気にしたり、結果だけを重視することもなくなり、自分は自分という自尊の心が育ってきます。

とくに、お母さんがゆるぎない自立心をもつとき、あの〝大地〟とも〝海〟ともたとえられるような、安定して、豊饒《ほうじょう》で懐の広く深い存在として、お母さんの姿が子どもの心に映るのではないでしょうか。

●対話力――

思春期は体は大きくなっても中身はまだまだ子どもだからということで、頭ごなしに思いどおりにしようとすると、それは反感をかいこそすれ、よい結果を招くことはむずかしくなります。

この時期の子どもと向き合うには親の対話力がとても大事です。対話力とは〝聴く力〟と〝語る力〟ですが、まず必要なのは聴く力です。

聞くといっても、音として聞こえてくる子どもの言葉を聞いていればいいわけではありません。「そういう気持ちなんだね」と子どもの気持ちを聴きとることが必要なのです。「お母さんは僕の気持ちをわかってくれている」と思えたとき、親が語りかけてくる言葉も受け取る準備ができます。

それがわかったら「お母さんにも言わせてね」と言って語りかけていきます。そのときは「お母さんはほんとうはこうしてほしいと思っているの」と本音で語ることが大事です。ところが、世の親は子どもの気持ちを聴き取る前に、母親は心配から、父親は俺のほうが世の中のことをよく知っているという思いから、一方的に言葉をぶつけてしまいやすいのです。しかも、頭ごなしに話すと、「どうせ、この親はわかっていない」とバカにして、親を近づけないようになります。

自分たちから生まれてきた子どもであっても、親と子どもは違う人間だし、子どもが感じたことは子どものものなのです。子どもであっても違う人間として尊敬し、「私にもあなたの気持ちを聴かせて」という姿勢で語りかけてほしいのです。

できるだけ、いいところを見つけてほめることも大事です。そのときは〝過去形〟にして言うことをおすすめします。こうすると、いまの自分を肯定してもらっていると安心できるので、子どもの心に言葉が響きやすいのです。

もう少し勉強してほしいと思うなら、「勉強頑張ってね」と言わずに「最近、勉強するよ

うになったね」と過去形で言い切ってしまうのです。引っ込み思案を直してほしいのなら、「元気になったね」「積極的になったね」と。家事の手伝いを望むなら「ずいぶん手伝うようになったね、うれしいよ」と断定するほうが親の気持ちが伝わりやすいのです。

「いまにできるようになるわ」では、いまはまだ否定されたままです。

こうして「なった」「なった」と過去形でほめることをくり返していると、子どもはいつしか「自分のことをいちばんよく見ているお母さんが、こう言ってるんだから、そうかもしれない」と、それに合わせて自分のイメージを描くようになります。そしてついには、そのイメージどおりに行動するようになるのです。

子どもは、ほめられることによって、素直にその言葉を受けとめられるのです。

子どもを変えたいと思うなら、過去形でほめることをくり返してみてください。対話力を高めるには、こうした技術を身につけることも非常に大切です。

●情報力――

思春期を迎えると、子どもは一個の人間として自我を意識するようになり、親に対しても、一人の女性、一人の男性としてどんな生き方をしているのか、どんな哲学や理念、信条などを持ち合わせているのか関心を持つようになります。近い将来、大人として参加していく社会の動きについても関心が高まるでしょう。

そんな子どもとどう向き合っていったらいいでしょうか。この親は何も考えていないとか、何も知らないと思うと、親をバカにして話すことを避けるようになるかもしれません。

たとえば、人間として成長しようと勉強を続ける母親の姿を見たら、子どもはたとえ大人になっても、学び続けることが大切だと考えるようになるでしょう。子どもに勉強しなさいと言いながら、自分はもう大人だから〝勉強〟は終わったと思っていたら、ほんとうに勉強する大切さが子どもに伝わるでしょうか。

大人になったからこそ勉強しなければならないことは山ほどあります。仕事のために必要な知識はもちろんですが、この社会でみんなが幸せに暮らしていくにはいくらでも勉強しなければならないことがあります。それは、学校の勉強よりずっと幅広く学ぶことがあります。

まさしく、一生が勉強の連続なのです。とくに今の時代のように情報が氾濫するなかで、子どもが成長していくために必要な情報をキャッチし、それを子どもとの対話のなかで生かすことが大切です。

たとえば家庭を取り巻く経済社会では、過程よりも結果が重視されますし、見返りを前提とした取引の関係が優先されます。そこで行き交う情報が家庭の中にも入り込んでくるため、家族の関係も取引的になりやすいのです。

家庭では、家族としていっしょに過ごす体験が子どもの成長を促します。結果よりもプロセスが大事です。

もっとはっきり言えば、家族の関係においては結果はどうでもいいし、失敗なんてないのです。取引の関係ではなくて、無資格、無条件でお互いを許し合い、助け合い、励まし合い、味方し合い、かばい合う関係なのです。だから、子どもは安心して自我を確立していくことができるのです。

親が外の世界の情報で子どもと向き合うと、子どもの成長がむずかしくなります。ですから親には、子どもの成長にほんとうに必要な情報を見抜く力が必要です。それには、親の直感も大事だと思います。周りの情報にばかり気を取られ、世間の目ばかり気にしていると、間違った情報で子どもを見てしまいます。

たとえば子どもが甘い物を欲しがったときどうするか、子育ての本はいろんな考えが述べられています。ときにはまったく反対の意見が述べられていて、混乱する親もいますが、子どもと向き合ったとき大切なのは親としての直感だと思います。もし与えていいと直感したら、そうすればいいのです。

わが子に対する学校の評価が悪いと、親は動揺します。もちろん子どもがどんな学校生活を送っているのかを知る参考にはなるでしょうが、この子はそうじゃないと直感するなら、それを信じて子どもと向き合い、その気持ちをまず受け止めてあげるようにします。

●食事力――

子どもが中学生ころになると、そろそろ子どもの手が離れるので、外に出て仕事を始める母親が増えます。そうでなくても、母親が準備した料理を一緒に食べることが減ってしまうようです。

でも、ほんとうは子どもが思春期を迎えたときこそ食事が重要なのです。いっしょに食べながら「これはおいしいわね」とか「今度はこんなのを食べたいわね」と会話を交わすだけでも、親子のコミュニケーションが生まれます。たとえ、なかなかいっしょに食べられなくても、母親が準備した美味しい料理を食べられるようにしておきます。

思春期にかぎらず、食事にはすごい力があります。誰でも美味しい物を腹いっぱい食べると幸せを感じるものです。閉じこもりになり、家族といっしょに食事もしなかった子どもに、食べても食べなくても毎回料理を作って準備してあげていたら、子どもが変わったとか、家族が戸惑うほど荒れていても美味しいものをいっぱい食べると落ち着くという話はよく耳にします。

こんな話を聞くこともあります。家族といっしょに食事はするが、シーンとして会話がまったくなかったそうです。そこでお父さんが食事の度に、テーブルに並んだお母さんの料理をできるだけほめるようにしました。「このカレーはうまい」とか、たとえコンビニで買ってきた惣菜が並んでも「この組み合わせはいいね」とほめました。

そうしていると、食卓での会話がしだいに盛り上がり、家庭の雰囲気が明るくなっていきました。それまではむすっとしたままだった子どもも会話に加わるようになったのです。

子どもが塾やクラブでいっしょに食事できないときは、テーブルの上の食事の横にお母さんの手書きで「ご苦労さん」と一言書いて置くようにしました。

そもそも食べる楽しさを知ることは、人生を幸せに生きる宝物です。思春期だからこそ、しっかり食事を作ってあげて、美味しい食事をお腹いっぱい食べさせてあげてください。

お母さんが料理上手な家庭は家族がまとまっていることが多いと思います。反対に、お掃除は好きだけど、お料理は嫌いという家庭は家族がどこか満たされていないように感じることもあります。思春期だからこそ、食事力が大切なのです。

◎親子密着型の子育ては親離れ・子離れの障害に

思春期は、それまでの家族中心の世界から、友達など外部の人が中心の世界へ移行する時期でもあります。こうして親から少しずつ離れていくのが自然な姿です。

このとき親も上手に子離れをしていく必要があります。昔からの言い伝えでも、「慈母も過ぎれば、子どもの墓まで掘ることになる」と警告しています。その意味で、昨今の親子密着型の子育ては、親離れ・子離れをむずかしくしているのではないかと心配しています。

親が「それは、こうしなさい」と言う通りにやることがいいと思って〝いい子〟だったが、

思春期になっても本当の意味で自立できない子どもが増えています。自分はどう思うのか、自分はどう考えるのかという自立のための準備ができていないからです。うまくいかないことがあると、親のせいにして閉じこもったり、反対に暴力を振るったりすることもあります。

親子密着型が増えているのは、子どもへの密着と愛着を混同しているからです。とくに教育熱心で真面目な親ほどそうなりやすいように思います。お前は余計なことは考えなくていい、親の言う通りにやっていればいい、そうすれば幸せになれる。そんなふうに子どもを仕向けようとしているのではないでしょうか。

たしかに愛着も密着も子どもとより強く関わりを持とうとする点は同じですが、相手の気持ちを中心としているか、自分の気持ちを中心にしているかが大きく異なります。

愛着は、子どもを甘えさせる、子どもの気持ちを温める、子どもを許す力を持っています。それに対して密着は、自分の思うように子どもを動かそうとします。それでも小学生くらいまでなら、子どもは素直に応じるかもしれません。しかし、中学生になり思春期を迎えると、子どもは悩み始めます。愛情で満たされないまま自分探しの戦場に立たされた子どもほど、自分を信じてその闘いに立ち向うことができません。

親は、そんな子どもの姿を目の前にして、あんなに密着して子育てしてきたのにと戸惑います。もう自立する年代なのだからと突き放してもうまくいきません。いよいよ、どう接していいかわからず困惑してしまいます。

じつは、親子密着型の子育てには、もう一つ落とし穴があります。それは、子どもを社会的に隔離してしまい、子どもの成長を妨げる可能性があることです。

このことを脳のしくみから説明してみましょう。近年の脳の研究で脳の前方部分にある「前頭連合野《ぜんとうれんごうや》」が、人間ならではの理性や社会性を担うところとして注目されています。この前頭連合野を発達させることによってこそ、私たちは豊かな社会生活を送ることが可能になるというのです。

子育てにおいても、この前頭連合野を発達させることがとても大切になりますが、それには子どもが豊かな社会関係に恵まれることが非常に重要なのです。

一昔前は大家族世帯が多く、父親は怖い存在としてニラミをきかせていました。兄弟も多かったので、そのなかで揉まれたし、学校では先生や級友との交流が濃密でした。さらに、帰宅後は地域の子どもたちとの遊びを通して鍛えられ、悪さをすれば近所のオバさんやオジさんに叱られることもたびたびでした。そんな厳しくも豊かな環境のなかで、子どもの前頭連合野は発達していったのだと思います。

前頭連合野がうまく発達しなければ、子どもの理性や社会性もバランスよく成長しない心配があります。その結果、すぐにキレたり、短絡的であったり、自暴自棄になったり、傍若無人な態度をとったりと、さまざまな問題を引き起こす原因になると考えられます。

現在の日本を考えるとき、とくに問題なのは、家族世帯が少人数になり、地域社会との交流も少なくなってきて、子どもを取り巻く社会環境が前頭連合野を発達させるのに必ずしもふさわしくない状況になっていることです。

子どもがいろんな人と接することができる環境づくりが必要です。それには何より、親が周りの人との関わりを豊かにすることです。たとえば、親戚の集まりがあるときは、面倒がらずに子どもを同伴すると、自分はこういう一族のつながりのなかで生きているんだと感じることができます。おじやおば、いとこたちと接しながら、いろんな年代の人たちと抵抗なく交わることもできるようになっていきます。

C子さんの息子さんは、ずっと家に閉じこもったままで、成人してからも仕事に就いていませんでした。親戚の集まりがあっても恥ずかしくて連れて行くのをためらっていました。親の私が笑われる、子どものことをいろいろ聞かれるのも嫌だと思っていたからです。これではいけないと思い、親戚の法事のときに、いちばんいい背広を着た息子さんといっしょに出かけました。

息子さんは堂々と挨拶をし、食事の場でも周りの人たちと楽しそうに会話していました。本人はそれで、人と交わっても怖くはないし、自信も持てたようです。

親が子どものことで他人の目を気にし、びくびくしていると、その姿を見ている子どもはもっと不安で、なかなか壁を破れないし、自立する力も育ちません。

◎一人の女性として輝く姿を見せる

思春期の特徴として、歴史や文学、芸術、科学など、さまざまな分野で過去に活躍した人物や、現在も活躍する人物などのなかに理想像を見いだし、「こういう大人になりたい」と憧れるところがあります。もちろん、自分の周囲の大人たちへも大きな関心を抱くようになり、もっとも身近な大人である母親や父親に対しても、これまでになかった客観的な視線を向けるようになります。

そうした子どもの目に映る母親が、女性であることを忘れたかのようにみすぼらしい様子であったとしたら、子どもは幻滅して「こういう大人にだけはなりたくない」という烙《らく》印《いん》を押すことになるでしょう。母親がどんなりっぱなことを言ったとしても、子どもは、幻滅している人から聞く話にどれだけ真剣に耳を傾けるか、推して知るべし、です。

思春期の子どもをもつ母親はとりわけ、一人の女性として輝く姿を見せてあげてほしいと思います。やさしく、温かく、美しくあってくださ い。落ち着いていて柔らかく、声の響きが落ち着いていて柔らかく、いい香りがする清潔感あふれる女性であってください。お金をかける必要はありません。薄くお化粧をし、髪を整え、自分らしいセンスで装うという具合に、普段の身だしなみをきちんとするだけでも、子どもには全然違って映るのです。外見は、内面を映す鏡なのですから。

自分の父母の姿を通して、大人になることが楽しみになるとしたら、希望がもてるとしたら、こんなに素晴らしいことはないと思いませんか。

いまさら声高にいうようなことではなく、子どもにしてみたら、親の姿や立ち居振舞いを見て学ぶというのは、その誕生からいまにつづく基本的な学習法の一つにほかなりません。親はいつでも、子どものもっとも身近な手本なのです。このことを改めて心にしっかりとどめてほしいと思います。

子どもは、母親を見ています。そして、子どもは〝キレイなお母さん〟が大好きです。

◎父親のいいところをPRするのも母親の仕事

思春期では、両親が愛し合っているか、また尊敬し合っているか、両親の関係にことのほか関心を寄せるようになります。

両親の関係がうまくいってなかったり、仲が悪かったりすると、子どもはやはり、大人になることに希望がもてず、「大人なんてろくなもんじゃない」「大人なんかになりたくない」という思いに引き込まれやすくなります。

ところが、子どもが思春期を迎えるころというのはちょうど、夫婦にとっても、むずかしい時期に当たります。夫は中間管理職で上からも下からもつつかれ、一方、妻は更年期障害や、両親の介護問題などに直面するというように、どちらもストレスのたまりやすい時期なのです。それやこれやで、夫婦の関係がちぐはぐになりがちです。

子どものことを考えれば、本音はともかくとして、夫婦の仲がよいことをアピールすることはとても大切です。いまさらなどと言わず、夫のよいところを一生懸命探し出して、子どもの前でどんどんそれをほめるぐらいの芸当を見せてあげてほしいと思います。

魚をおろすときのことを思いだしてください。魚にしても〝刺身〟と〝はらわた〟があって一匹です。人間だって、短所ばかりの人間もいなければ、長所ばかりの人間もいません。結婚生活のなかで、夫の短所ばかりを見せつけられてきたとしても、この際、子どものためでもあります、いろいろな角度からためつすがめつして夫の長所を探し出してください。お父さんのいいところをPRするのは、お母さんの仕事の一つと心得てください。

子どもは心のうちで〝あのふたりは、じつは仲がいいんだ〟〝お父さんって、凄《すご》いんだ〟と感じることで、「大人になって結婚するのもいいな」「大人になるのも悪くないな」と合点できるのです。

このように両親の関係が子どもに大きく影響する時期ですから、どうしても離婚を考えているとしたら、できれば、この時期を外すぐらいの配慮をしてほしいと思います。

思春期は、「自分とは何者であるか」という自分探しをする時期です。両親の離婚は、この自分探しに大きな支障をもたらすことになります。

夫婦は、仲のよいときはこれ以上ないというぐらいの強い絆《きずな》で結ばれていますが、その反面、関係が壊れれば、お互いをまったくの赤の他人として割り切ることができます。

しかし、子どもはそういうわけにはいきません。子どもは、父親と母親のふたりから50パーセントずつ遺伝子をもらっているわけで、両親が離婚したからといって、父親とも母親とも、親子の絆を切ることはできないのです。

「自分とは何者であるか」を探している最中に、自分の原点である親の夫婦関係に分裂が生じると、子どものなかでは怒濤《どとう》の如き混乱が起こることになります。それでなくても、思春期を迎えた子どもは心が荒波のように揺れる危うさのなかで生きているのですから、親たるもの、この時期に離婚して、さらなる不安や混乱の材料をずしりと背負い込ませるのは、望むところではないはずです。

◎思春期四つの不安

思春期の子どもが「自分とは何者であるか」「自分は何者になろうとしているのか」その自分探しに答えを見つけるのは容易なことではありません。うまくいかず、さまざまな危機に直面することもあるでしょう。

この時期、子どもはとくに存在に対する不安、能動性に対する不安、相互性に対する不安、自我に対する不安という四つの不安と闘ってのり越えていかなければなりません。成長とはこうした不安をのり越える作業でもあるのです。

このとき、親としては、どのような態度をとったらいいのでしょうか。基本は、親が心配しすぎてさらに子どもを不安にさせないこと、そっとそばに居てあげること、さらに助けてあげられることがあれば一歩踏み込んでみることが大切です。それには、子どもが抱える四つの不安がどんなものであるかを知っておくことも必要です。

①存在に対する不安

「自分は、生まれてきてよかったのだろうか」「自分は、この世に存在していいのだろうか」「自分は、ここに居ていいのだろうか」という〝自分の存在〟そのものに対する不安に、肯定の答えを得ようとして闘い、のり切っていかなければなりません。

この不安感の強弱は、それまでの育てられ方にも大きく影響されます。「いいところいっぱいだね」「すごいね」「信じているよ」とほめられ、称賛されて育った子どもは〝自分の存在〟にあまり危機を感じずに済みます。

親子での共感の体験も大きな意味をもちます。それは、親子で、おいしいものを食べて「おいしかったね」と喜びを分かち合う、名作のビデオを見て「よかったね」と感動を分け合う、そうしたささやかな共感でいいのです。それが、家族とつながっている、社会や自然とつながっているという、ただならぬ安心感を与えてくれることになります。

逆に子どもは、「バカだ」「キライだ」「いなければよかった」と言いつづけられると、あるいは無言のうちにそうした言葉を受けとっていると、〝自分の存在〟に強い不安を感じても不思議はないでしょう。

驚くことに子どもは、母親の胎内にいるときから、こうした言葉を受けとり始めるといわれます。母親の気持ちは脈拍や血圧、ホルモンの分泌などに反映し、それがそのまま、へその緒を通し、胎児に影響するのです。

仮に「望まれない子」だとしたら、それは子どもにしっかり伝わっているでしょうし、生涯を通じて子どもに影響するでしょう。こうした悲劇は、親の罪です。

すべての赤ちゃんは、無条件・無資格で受け入れられ、愛し抜かれる権利があります。言い換えれば、すべての親は子どもを無条件・無資格で受け入れ、愛し抜く義務があるということです。

それを具体的な言葉にして「いつでもあなたの味方なのよ」「あなたが大好き」「あなたを大事に思っている」「あなたを信じている」と伝えてあげてください。それは、思春期という荒波の中で溺れまいと必死に闘っている子どもを浮き輪のように助けてくれます。

②能動性に対する不安

「何か新しいことを始めてみたい」、「自分のなかから湧き起こってくることを始めてみたい」と思っても、実際に行動に移すことには恐れを感じるというのが〝能動性に対する不安〟です。

何かを行なった際、〝成功しないとほめられない〟という経験ばかりしていると、〝失敗をしてはいけない〟という気持ちが強くなり、新しいことを始めることに恐れを感じるようになります。

何をするにつけて親の管理のもとで行なうのが習慣になっている場合も同じです。何か新しいことを始めるのに恐れを感じるようになります。

一方、ちょっとしたことでも自分の気持ちを吸収してもらい、ほめられ、応援を受け、勇気づけられてきた子どもは、積極的に何事にも臨むことができます。

思春期の子どもが、この〝能動性に対する不安〟をのり切るためには、親としては〝結果よりも、努力した体験〟を重視し、それを心から認め、子どもにプラスの言葉をいっぱいかけてあげてください。

「いいじゃないの、人生に失敗なんてないのよ」「マイナスに考えるから失敗であって、それを次の機会に活かそうと思えば体験はプラスになるよ」「失敗を恐れず、いろんなことを

体験してね」そんな言葉をたくさんもらっていると、子どもは能動性に対する不安を乗り越えやすくなります。

③相互性に対する不安

「人とかかわり合うこと」に恐れを感じることが、この〝相互性に対する不安〟を意味します。「人とかかわり合うこと」をむずかしくするのは、何より「自分に自信がもてない」からです。自分を駄目だと思ってしまうと、相互性も育たないのです。

とくに中学生ころになると、横の関係をとても気にするようになります。友達と自分の家庭を比較したり、友達の父親と自分の父親を比較したりして、やっぱりうちは駄目だとマイナス点を付けることもあります。そんなとき、自分の家はそんなにお金はないようだけど、家族みんな幸せそうに暮らしていると思えれば、自信を持って友達とも交わることができるようになります。

ところが母親自身が人の目ばかり気にしていると、それが子どもにも影響し、他人の目ばかりを意識して、自分を主張することに消極的になります。あるいは、親が強権的で、子どもにいつも緊張を強いていると、おのずと自分を主張する力が身につきません。

思春期の子どもが相互性の危機をのり切るのを応援したいと思ったら、まず子どもの話をよく聞いてあげること、そして子どもの感じていること、言うこと、やることを否定しないで受け入れるようにつとめることです。

こんな言葉をかけてあげるのもいいでしょう。**「あなたはあなたのままでいいんだよ」「あなたといるだけで幸せよ」**

④自我に対する不安

思春期になると独立した自我を強く意識し始めます。「自分が他者とは異なる独自の自分であることを肯定し、それを伸ばす」ことを強く求めるようになるのです。その分、独自性を主張したいのに否定されたらどうしようという不安も大きくなります。その不安をのり越えてこそ、大人として自立していくことができるのです。

何かやろうとしても我慢させられることが多い、何かにつけ自分の気持ちをわかってもらえないと感じながら育ってくると、人は一人ひとり違っていいのだということを認めにくくなります。「自分の好きなところは？」と聞かれてもなかなか反応できないのに、「嫌いなところは？」と聞かれると、次々と応えたりします。

いざ子どものこととなると、自分の意にそわなければ、ガミガミ文句を言うことが多いのではないでしょうか。たとえば、几帳面《きちょうめん》な親にしてみれば、大雑把な子どもはなかなか許せないものです。そこにある規準はまごうことなく、親の好き・嫌いです。

人は言葉によってつくられていきます。子どもの場合は親の言葉が大きく影響します。自分が喜べる言葉をいっぱいもらうほど、子どもは自分のことを肯定的に受け容れることができるようになります。自分は人と違って、こんないいところがあるし、こんなこともできるんだという喜びが自我を育てるのです。

ところが、お前は駄目だ、わかっていないと否定的な言葉をもらって育つと、いつも心の底に不安があり、自立した自我を見つけることがむずかしくなります。

いっぱい子どもの心が喜ぶ言葉をかけてあげてください。

「それでいいんだよ」「よくやったじゃないか」「あれは大したもんだよ」「勇気があるんだ

ね」「お前は何て優しい子なんだ」そういうふうに、アンテナを高くして子どものいいところをいっぱい見つけて、はっきり言葉にして伝えてあげてください。子どもが伸びる二大条件は「安心感」と「よろこび」なのです。

それでも、すぐ子どもが反応するとはかぎりません。あんなに受け止めているのに、あの態度はなんだと感情が爆発しそうになることがあるかもしれません。その感情をむき出しにすると、必ず子どもの心に残ってしまいます。子どもの嫌なところにはできるだけ目をつぶって、いいところをほめてあげてください。そして3日は待ってみてください。それでも反応がなければ3カ月は待ってください。それでも反応がなければ3年待ってください。いい言葉をかけたら、必ず子どもの中に実っていきます。そう信じて子どもと向き合うことこそ親心です。

◎「みんなちがって、みんないい」と認める

あるお母さんは、とても理知的な方で3人のお子さんがおられます。1番目と2番目のお子さんは、どちらかというと理知的なタイプなのでお母さんとしては相性が合うそうですが、3番目のお子さんとは、どうも気が合わないみたいで困っているといいます。

たとえ親子の間であっても、それぞれが独自の個性の持ち主であることを認め合うことが必要なのです。

金子みすゞ（１９０３〜１９３０年）の詩の一つに、「私と小鳥とすずと」と題したものがあります。

「私と小鳥とすずと」

私が両手をひろげても、
お空はちっとも飛べないが、
とべる小鳥は私のように、
地面をはやくは走れない。
私がからだをゆすっても、
きれいな音はでないけど、
あの鳴るすずは私のように、
たくさんなうたは知らないよ。
すずと、小鳥と、それから私、

みんなちがって、みんないい。

（『金子みすゞ詩集』より）

自分自身を認め愛するために、子どもを認め大切にするために、もっとも重要な起点になるのが、この詩にある「みんなちがって、みんないい」という哲学だと思います。

そしてまた、「みんなちがって、みんないい」と認めることは、自己評価を高めることにも、社会とのつながりを実感することにもなってゆきます。それによって勇気をもって生きてゆくことができるのです。

つまり、自尊心をもち、自分の価値を信じ、失敗を怖れず、他者を認め、どんな状況でも、自分の問題に果敢に取り組んでいくことができるようになるのです。

5

親の
カウンセリング・マインドが大切

▽思春期にあってこそ親子の対話が大事

子どもを信じることと、何も話さないこととは別なことです。親はいつも、子どものことを思い、考えていることを言葉にして伝えることが大事です。子どもの思いや考えを、子どもの言葉を通して聞くことも同じように大切です。

とくに思春期にあってこそ、親子の対話が大事なのだと思います。家族よりも、友達をはじめ、外部の世界に関心が向く時期ですが、それも、家族という安定した場所があってこそ、心置きなく外へ目が向けられるのです。

子どもとの対話で注意したいのは、親の言葉によって、子どもの自信を高め勇気づけることもあれば、逆に自信を失わせ、勇気をくじくこともあるということです。

たとえば、子どもがテストでかんばしくない点数を取ってきたとき、「今回はこういう結果だったけど、一生懸命勉強したんだよね」と〝過程〟を重視した言葉を送るのと、「いくら頑張っても、結果がこれではね」と〝結果〟を重視した言葉を送るのとでは、それを受けとった子どもの気持ちは大きく違ってきます。

過程を重視されると勇気づけられますが、結果ばかりを重視されると勇気をくじかれて

しまいます。それは、親が子どもに結果ばかり求めると、子どもは失敗を恐れ、萎縮《いしゅく》してしまうことになるからです。

このことは、重大な意味をもっています。私たち人間は、不完全なことを受け入れることによって、初めて勇気ある人になることができます。つまり、子どもは、ありのままの不完全な自分を認められることによってこそ、勇気ある人になることができます。

子どものありのままを認め、子どもを勇気づける言葉を送るために、心得ておきたい10項目を次に挙げてみます。

・勇気づける言葉を送る心得のいろいろ

①努力を評価しましょう。結果よりも、努力

がより重要です。

「うまくいかなかったけれど、一生懸命頑張ったね」

（×「いくら頑張っても、結果が悪ければダメだよ」）

②貢献や協力に注目しましょう。能力や勝敗にこだわらないことです。

「あなたがいてくれたから助かったわ」

（×「よくできて、えらい」）

③まだ達成できていない部分ではなく、すでに達成できている成果を指摘しましょう。

「この部分はとても練習したんだね」

（×「いつも、ここがダメだね」）

④成功だけを評価するのではなく、失敗も受け入れましょう。

「努力したのに残念だったね」

（×「ミスしたら何にもならないわ」）

⑤他人との比較はやめて、個人の成長を重視しましょう。

「前より大きな声が出るようになったね」

（×「何であの子ができたのに、あなたはできないの？」）

⑥こちらが善悪良否を判断するのでなく、相手に判断をゆだねましょう。
「あなたは何をしたいの？」

（×「これはよくないわね。このとおりにしなさいよ」）
⑦肯定的な表現を使いましょう。否定的な表現は避けます。
「消極的じゃなくて、慎重なんだよね」
（×「オドオドするな」）
⑧『あなたメッセージ』ではなく、『私メッセージ』を使いましょう。
「（私は）あなたのセーターの色が好きよ」
（×「（あなたの）セーターの色はいいね」）
⑨『事実言葉』は控え、『意見言葉』を使いましょう。
「あなたは正しいと、私は思うわ」
（×「あなたは正しい」）
⑩賞賛し叱咤《しった》激励するのではなく、感謝し共感しましょう。
「いっしょに来てくれてありがとう」
（×「もっとしっかり頑張るのよ」）

▽心の自由を拘束する「禁止令」

親が、そのときどきの不快な気分のままに発している言葉、つまり不安や怒り、欲求不満、気まぐれなどから発する言葉はしばしば、子どもの心にマイナスの濃い影を落とすことになります。

こうした親の言葉は、子どもの心のメカニズムに取り込まれ、それが、子どもの心の自由や言動の自由を拘束する「禁止令」に結びつきやすいのです。つまり、子どもは親の発する「禁止令」を自分の心の自由や言動の自由を禁じているものと無意識に受けとめてしまうのです。こうしたことは、幼少期のみならず思春期の子どもに対しても、ときには大人に対しても見られることです。

とくに親が子どもに発しやすい「禁止令」を分類してみますと、大体次のような12種類に整理できます。

[12の禁止令]

①感じるな、②考えるな、③行動するな、④成長するな、⑤成功するな、⑥重要であるな、⑦健康であるな、⑧信じるな、⑨おまえ自身であるな、⑩存在するな、⑪近寄るな、⑫楽

しむな

①感じるな

子どもなりに大切な感情を無視されたり、思いのままに感情を出して一方的に叱られたりすると、子どもは感情を出してはいけない、いきいきと感じてはいけないと自分を抑えてしまうことになります。大人になっても、その影響を引きずり、感情を素直に受けとめたり、表わしたりしようとせず、無感動で無表情になります。

「感じるな」という禁止令は、こんな親の発言のなかにも見いだせるでしょう。

「そんなことどうだっていいじゃないの。くだらない」

「うるさい！　泣きやみなさい」

「わがまま言わないで、この服にしなさい」
②考えるな
子どもの問題に過剰に口出ししたり、一方的に解決してあげたりばかりしていると、子どもは、自分は頭が鈍いと感じ、早々に自分で考えることをやめ、親にすっかり頼るようになります。そして、何か意見を尋ねられても、考えることはともかく苦手だと決め込んで、「別に何もありません」と逃げてしまいます。

「考えるな」という言葉は、こんな親の発言のなかにも見いだせるでしょう。

「いいから、お母さんの言うことだけを聞きなさい」「子どもはそんなこと考えなくていいの」「おまえにそれは無理だよ」
③行動するな
親の不安感や恐怖心が強いと、それが子どもにも伝わり、ケガや失敗、恥をかくことを過度に怖れ、自分から決断し行動し挑戦することをやめてしまいます。優柔不断で、いつも誰かが何とかしてくれるだろうと甘え、無難な枠から出ていこうとしません。

この「行動するな」という言葉は、こんな親の発言のなかにも見いだせるでしょう。

「危ないから、そこから出なさい」「触っちゃダメ、じっとしていなさい」「もう一度よく考えてみたほうがいいわよ」

④成長するな

親が子どもを溺愛《できあい》し、いつまでも可愛いままでいてほしいと願うと、子どもは親の期待を裏切るまいとして、いつまでも子どもっぽく甘え、独り立ちしようとしなくなります。また、親の愛情が妹や弟にばかりに向いていると、関心を引くために、子どもっぽく振舞うこともあります。

「成長するな」という言葉は、こんな親の発言のなかにも見いだせるでしょう。

「小さいころは可愛かったのにね」「可愛いのは幼稚園までね」「子どもは子どもらしくしなさい」

⑤成功するな

親からいつも、高い要求水準で批判されたり、うまくできないことをけなされたりすることがつづくと、子どもは自信や意欲をなくして、「どうせ何をやってもうまくいきっこない」と成功することをあきらめてしまいます。また、最後まで頑張ってやり遂げようとせず、中途半端で投げ出してしてしまいがちになります。

「成功するな」という言葉は、こんな親の発言のなかにも見いだせるでしょう。

「何をやらせてもダメね」「こんな程度なの」「お父さんが、おまえの年ごろにはもっと……」

⑥重要であるな

会話に口を挟むことを禁じられたり、子どもなりにこだわりのある意見を無視されたり、苦心した作品を軽視されたりすると、子どもは「おまえは重要でない」という言葉として受けとることがあります。また、優秀な兄弟と比べられると、「自分はどうせ重要な存在ではない」と劣等感をもってしまうこともあります。

この「重要であるな」という言葉は、こんな親の発言のなかにも見いだせるでしょう。

「子どもは口を出してはいけません」「ヘンなもの作ったわね」「どうしてお兄ちゃんやお姉ちゃんとは、こんなに違うのかしらね」

⑦健康であるな

子どもの体をいたわりすぎたり、病気のときだけことさら愛情をかけたりすると、子どもは、自分は病弱なのだと思い込んだり、また病気になることで親の関心を集めようとしたりします。なお、仲のよくない両親が、子どもの病気で協力したりすると、子どもは、病気になるのが自分の役割だと思ってしまうことさえあります。

「健康であるな」という言葉は、こんな親の発言のなかにも見いだせるでしょう。

「体が弱いんだから、無理しちゃダメよ」「病気だから、好きなものを買ってあげるわ」「心配だから、お父さんも早く帰ってきてくれるって」

⑧信じるな

固い約束を破られたり、悪いことをやっていないのに無理やりやったと言わされたりすると、子どもは人が信じられなくなります。また、親が陰で悪口を言ったり、本音と建前を使い分けたりするのを見せつけられると、人間に対する不信感を募らせます。

「信じるな」という言葉は、こんな親の発言のなかにも見いだせるでしょう。

「急に知り合いから電話がかかってきちゃって。また今度、連れて行ってあげるから」「正直に言いなさい。やったと言えば許してあげます」「留守だと言っておきなさい」

⑨おまえ自身であるな

親が男の子を望んでいたのに女の子が生まれてしまったとか、その反対であったとかしたとき、親の望みと異なる（違った）性に生まれた子どもによっては、親から「おまえ自身であるな」と感じて育ってしまうことがあります。

また、親が自分のイメージどおりに育てようと、子どもに無理強いをしたり、家庭の事情などで子どもらしく過ごせなかったりした場合なども、自分らしさをのびのびと表わすことがむずかしくなります。

「おまえ自身であるな」という言葉は、こんな親の発言のなかにも見いだせるでしょう。

「おまえが男だったら、どんなによかったか」「女の子だったら可愛かったのに」「うちの子は、一つは楽器を弾けなければいけない」

⑩存在するな

親から邪魔者扱いされたり、荒々しく扱われたり、大声で怒鳴られたりした子どもは、自分の存在そのものが否定されていると感じ、自分の居る場所がないと不安に怯《おび》えます。大人になってもそれを引きずると、虚無的になったり、すぐにやけになったり、一つの職場で頑張ろうという忍耐力に欠けたりしがちです。

「存在するな」という言葉は、こんな親の発言のなかにも見いだせるでしょう。

「おまえを産むんじゃなかった」「おまえがいるから、離婚できない」「おまえは橋の下から拾ってきたんだよ」「おまえのおかげで恥をかかされた」

⑪近寄るな

親との触れ合いが不足したり、そばにいるのを嫌われたり、近所の子どもと遊ぶのを禁じられたりすると、「近寄るな」と禁止されているように感じ、内向的で人付き合いのむずかしい性格になることがあります。また、親の転勤にともなう転校や、両親の離婚などで、親しい人と別れるつらさを味わうと、もう誰とも親しくしまいと心に強く思ってしまうこともあります。

「近寄るな」という言葉は、こんな親の発言のなかにも見いだせるでしょう。

「邪魔だから、外で遊んでいなさい」「忙しいんだから、そばに寄らないで」「ここらの子どもと遊んではいけません」

⑫楽しむな

親に、いっしょに遊んでもらったり、どこかへ連れて行ってもらったりした経験がないと、遊ぶことや、楽しむことに罪悪感を覚えるようになることがあります。また、いつも勉強や手伝いの指示ばかり受けていると、子どもはこれを「楽しむな」という言葉として受けとめます。そのため、大人になっても、仕事一点張りで無趣味、何事にも興味をもてなくなる原因にもなります。

「楽しむな」という言葉は、こんな親の発言のなかにも見いだせるでしょう。

「いつまでマンガを読んでいるの。早く勉強をしなさい」「ピアノのお稽古《けいこ》は？　宿題は？　犬の散歩は？」「遊んでいないで、妹や弟のめんどうをみなさい」

親の不安や怒り、欲求不満、気まぐれなどから出た不用意な言葉が、子どもに「禁止令」として伝わり、その可能性に歯止めをかけることになりかねないことを、親はもっと気にかける必要があります。とくに「禁止令」につながるような叱り方には注意しましょう。

人生最高の仕事こそ子育てなのですから、どこまでも「子どもは大切に育てる」「子どもはていねいに育てる」ことを肝に銘じてください。

▽親の過度の期待は劣等感や自己否定の元凶に

親が子どもに過剰な期待を抱くときなどに発する言葉、つまり「完全であれ」「努力しろ」「喜ばせろ」「急げ」「強くあれ」と言われていると感じるような言葉は、子どもの可能性に悪い影響をもたらす心配のあることが、多くの研究によって指摘されています。

子どもは、親の期待に応えようとして努力するものの、過度の期待を向けられると「これでいい」と満たされることはなく、劣等感だけが残ることになります。そして大人になっても、こうした劣等感を抱え込み、かつては親からの言葉だったものを、今度は自分で自分に与えつづけます。結局、何をやっても達成感を味わうことがなく、喜びや幸福感とは無縁な人生を送るようになります。

・親の過度の期待が発する五つの言葉

①「完全であれ」

この言葉を受けつづけると、子どもは〈私は完全でない〉という劣等感をもつようになり、ひるがえって、つねに完璧《かんぺき》であろうと駆り立てられます。

その結果、重箱の隅をつつくような細かいミスでも気にかかってしまい、達成感をもつことができません。そのため、より大きな課題に挑戦することもできなくなります。

この「完全であれ」というメッセージは、こんな親の発言のなかにも見いだすことができます。

「失敗は許されない」「これではダメだ」「もっとうまくやりなさい」

②「努力しろ」

このメッセージを受けとると、子どもは〈私は努力していない〉という劣等感に駆られることになり、ゆとりをもつことができなくなります。

人から、自分の努力を評価されることはないと思うことで、かえって自分が怠けているのではないかと強く意識するようになり、何かと困難を強調して自己弁護につとめるようになります。

この「努力しろ」という言葉は、こんな親の発言のなかにも見いだすことができます。

「まだまだやれるはず」「もっと頑張りなさい」「現状に満足してはダメ」

③「喜ばせろ」

この言葉を受けとると、子どもは〈私はあなたを喜ばせていない〉という劣等感をもつようになり、自分を抑えても相手を喜ばせようとします。

人に気に入られようとするあまり、「これで、いいのでしょうか」と相手の承諾を求めずにいられません。そして、批判や反発を怖れて、きっぱりとした言い方を極端に避けます。また、これだけ尽くしているのだから、相手も自分に尽くして当たり前と身勝手な期待をしがちです。

この「喜ばせろ」というメッセージは、こんな親の発言のなかにも見いだすことができます。

「お母さんの言うとおりにしてちょうだい」「お母さんはいいと思わないわ」「これではまだ気に入らないわ」

④「急げ」

このメッセージを受けとると、子どもは〈私は遅い〉というコンプレックスをもつようになり、せっかちで「サァ、やろう」と掛け声ばかり掛けたがるようになります。いつも焦り気味で、失敗すると時間の足りないせいにします。また、人がゆっくりしていることも気に障り、自分の足を引っ張っているのではないかと勘ぐります。

この「急げ」というメッセージは、こんな親の発言のなかにも見いだすことができます。

「どうして、ぐずぐずしているの。まにあわないわよ」「そんなやり方じゃ、最後まで仕上がらないわよ」「締め切りが守れないわよ」

⑤「強くあれ」

このメッセージを受けとると、子どもは〈私は弱い〉というコンプレックスをもち、強くあろうとして無理して突っ張ってみせるようになります。

強さを誇示するために、大声で怒鳴ったり、きつい表現を使ったりします。また、弱さを見せまいとして、言葉や表情に感情を出すまいとします。他人事には無関心を装う反面、頼まれごとにはいいところを見せたりもします。

この「強くあれ」というメッセージは、こんな親の発言のなかにも見いだすことができます。

「男は泣いてはダメ」「ヘラヘラしてるんじゃないの」「一度決めたことはちゃんとやりなさい」

言葉が人をつくることを考えると、親の不安や怒り、欲求不満、気まぐれなどから出た不用意な言葉にこめられたメッセージは子どもの可能性を拘束することもあるのです。あるいは、親が子どもに期待を抱くがゆえに発する言葉が、子どもに劣等感を与えることもあるのです。それでは、積極的に人生を生きたいという気持ちが子どものなかに育つとは思えません。

ただし、不幸中の幸いというか、親のこうした言葉による「可能性の拘束感」や「自己否定感」は、それと気づいたときに修正することができますし、また、成功体験や幸福な生活によって弱くしたり消したりすることができます。

それにつけても、子どもというのは、親の気持ちに敏感であり、それに何とか応えようと奮闘努力し、もしそれがかなわなければ、自らに原因があるとし、自らを責めるほどに健気な存在なのです。裏を返せば、子どもは親がいなければ生きていけない、非常に弱い立場にあるのです。

その意味でも、親は強権を発動して、子どもの弱みを逆手に取るようなことをしてはいけないのです。子どもは必ず、寂しさや罪悪感、不安感で悩むようになります。「いまあるありのままで十分」として子どもを受け入れることがいかに大切か、こうした点からもよくわかります。

親であっても、子ども自身が感じたり、考えたり、体験した世界を奪ってはいけないのです。それでは、子どもの心を無気力、無関心、無感動にするばかりです。

▽相手の気持ちまで汲みとれるのが本当の聴き上手

「耳がふたつ、口がひとつあるのは、対話において、話すことよりも、聞くことのほうがより大切であるからだ」というのはこじつけにしても、なかなかマトを射た話だと思います。子どもに心を開いて話をさせるためにもまず、親が聴き上手であることが求められます。聴くとは、単に音を聞くのとは違うのです。

聴き上手になるコツを、左記に挙げてみます。

・子どもが話しているときは、子どもと同じ気持ちになって、黙って耳を傾ける。

・子どもの話の継ぎ目で、「それから」「それで」「なるほど」というように相づちを打つ。

・子どもの話に合わせて、「それで、どう思ったの」「それで、どうしたらいいと思うの」と尋ねる。「どんな問題があるの」というように、さらに心の奥を開いて話をするように仕向ける。

・子どもの言うことをオウム返しする。子どもが「学校に行きたくない」と言ったら「学校に行きたくないんだ」というように。

・子どもの言うことを言い換える。「学校に行きたくない」と言ったら「勉強がいやなんだ」、また「お腹が痛い」と言ったら「調子が悪いのね」というように。

こうした聴き方をすることで、子どもは少なくとも、親が自分の話を聴いてくれていることはわかるでしょう。しかし、これではまだ、本当の聴き上手という域には至りません。なぜならば、子どもとしては、気持ちをわかってもらえたという実感まではもてないからです。子どもは、気持ちをわかってもらえて初めて、聞いてもらえたと納得するのです。

たとえば、「学校に行きたくない」と言ったとき、親がその際の気持ちを理解してくれて、「いやになっちゃったのね」と応えてくれたとしたら、話をちゃんと聴いてもらえたと納得し、心を開くこともできようというものです。

そのときの子どもの寂しい、悲しい、悔しい、がっかりだ、嫌だ、うるさい、くだらない、許せないなどといった気持ちの一つひとつを丁寧に受けとめてあげられれば十分なのです。

▽いまほど親の言葉が重要な時代はない

最近、どんなことにしろ、子どもをほめたことがありますか。返事に窮することがなければいいのですが、昨今の傾向として、子どもを存分にほめてあげることを忘れた親が増えていることが気にかかります。

お母さんのなかには、「子どもをほめてばかりいると、つけあがるし、世の中に出て挫折感が大きい」という方もいて、どうも否定的な世界に親子でいるほうが居心地よいと思っている感じさえ受けます。

また、ほめ方に自信がなく、迷いつつ、中途半端な気持ちで子どもに接しているように見受けられることも珍しくありません。
「いえ、私は子どもをほめています」という親御さんでも、話をよく聞いてみると、子どもの行動が、親の好みや期待に一致し、結果がよかったときにだけ、ほめているケースが多くみられます。

親にとってよい子だからほめられていると子どもが受けとめてしまえば、それは一種の取引みたいなもので、真の賛美にはなりえません。

子どもが、人に対してではなく、自分自身にとってよかれと努力して築きあげたものをしっかり受けとめてほしいのです。子どもにとっては、そうした自分のあり様を共に感じ、認めてもらうのが何より嬉しいからです。

親からほめられ、共に喜んでもらうことにより、子どもは自尊心や、この世に生まれた幸せを味わうことができるのです。嬉しい、楽しい、幸せという気持ちは体感しなければ、口でいくら伝えても合点できるものではありません。

子どもがいくつになっても、「ほめて育てる」ことを忘れないようにしたいものです。喜びは、心のいちばんのご馳走なのですから。

それだけではありません。言葉の響きという点でも、ほめ言葉はとても大切なのです。ほめ言葉は耳にたいへん心地よく、子どもの感性を育てるうえでも効果的に作用します。

同じことは、敬語やていねい語についてもいえます。親が、食事の用意が整ったところで、「食いな」というのと「召し上がれ」というのでは、子どもの耳に届く響きには雲泥の差が生じます。それによって、子どもは自分が大切にされているかどうかを敏感に感じとっています。

子どもは日常生活を通し、こうした親の言葉遣いを始め、立ち居振舞いに接して育っていくわけで、それがそのまま出身校などとはまた違う、子どものもう一つの〝履歴書〟にもなっていきます。

いまや、社会システムが大きく変革されつつあり、終身雇用制に替わって実力主義に基づく年俸制などを導入する会社も増えてきています。つまり、これからはビジネスの社会でも、〝企業の顔〟ではなく〝個人の顔〟が重視されるということです。

そうなれば、個人の育ちを扱うもう一つの履歴書を充実させることの意味は一段と重要になってくるでしょう。

いまほど親の言葉が、すなわち子どもを賞賛する言葉や、敬語・ていねい語などの美しい響きの言葉が重要な時代はないといえます。家庭での会話にも普段から、親の温かい心を伝えるような言葉をもっと増やしてほしいと思います。

「行ってらっしゃい。事故のないように……」「お帰りなさい。楽しく過ごせてよかったわね」「ごちそうさま。今日もおいしく食べられてうれしいわね」

もし家族で海外旅行に行くようなことがあれば、こんな言葉遣いもいいかもしれません。

飛行機のタラップを降りるときに
「今日からみなさまの国に私たち一家がお邪魔させていただきます。どうぞよろしく」

帰るときには
「素晴らしいお国で一週間過ごさせていただき、いろいろお力になってくださって有り難うございました」

こんな言葉を耳にしながら海外旅行した子どもの心には、きっと本当の意味での国際感覚が身についていくのではないでしょうか。

こうして日ごろから子どもの心に響く言葉のシャワーをいっぱい浴びせてあげることも、子育ての大きな力になると思います。

6

これからの日本の子育て・教育の基本

★日本の子育てはうまくいっていない

昨今、日本の子育てに危機感をもっている人は少なくないでしょう。たしかに、自分に誇りや夢をもてない子どもたちが増加しています。学校では、授業中、落ち着いて先生の話を聞いていることができず学習が成立しない、いわゆる学級崩壊が問題になっています。いじめ、不登校、家庭内暴力、援助交際、家出、薬物乱用など、子どもをめぐる問題は深刻化するばかりです。

さらに、社会の経済状況の影響もあって、せっかく学業を修了しても定職に就かず、大人になるまでの猶予期間（モラトリアム）を長引かせる若者の増加傾向も目を引きます。

国立教育政策研究所の調査で、全国の小学校の校長と教員の約７０００人が答えた学級崩壊に関するアンケート結果が、次のように報告されています。

少し前になりますが、２０００年の調査によれば、この1年間に「校内で学級崩壊があった」と答えた校長は26・０パーセント、教員は32・４パーセントでした。全国の小学校のうち、おおよそ30パーセントで学級崩壊があるというわけです。

この学級崩壊があった学校での学年別発生率は、１年生が９・２パーセント、２年生が

20・6パーセント、3年生が13・5パーセント、4年生が17・0パーセント、5年生が32・6パーセント、6年生が22・0パーセントでした。赤ちゃん返りなどを特徴とする前思春期に当たる小学5年生と6年生で、一位、二位の高い数字を示していることがわかります。また、小・中学校の不登校の生徒数が、2000年度ですでに約13万4000人に増加し、大きな教育問題となっているのも見逃せません。

こうした現象や数値からも、日本の子育てのあり方が少なくとも、いまのままでいいということにならないことだけは、はっきりしています。子どもたちの発する警鐘に、真摯《しんし》に耳をそばだてるときです。そして、親はもちろん、教師や一般市民としても子育てについて改めて、根本から見直すべきときです。

子育ては、親になったからこそ体験できる特権なのです。お母さんやお父さんがどんなに忙しくても、子どもを育てることを保育園や幼稚園、学校などにまかせっきりにしてはもったいないと思います。親は子育ての責任者です。それには、子育てに関して、基本的な知識を増やしましょう。昔から日本人が培ってきた子育ての知恵も大切にしましょう。それらを現実に心を込めて使いこなしましょう。親にこの姿勢と実践があるならば、日本の子育ては間違っていたなどと失意のうちに述懐することもなくなるでしょう。

★親自身をサポートする環境づくりを

仕事と子育ての両立を支援するために、保育所の増設や育児休業法の充実、小学校教員の増加など、いろいろ歓迎される施策が打ち出されてはいますが、まだまだ十分というにはほど遠いのが実情です。

保育所は仕事をもっているお母さんを支援する役割を担っていますが、見過ごされがちなのが、専業主婦で頑張っているお母さんたちへの支援です。近隣に頼れる親族などがいないことの多い現代のお母さんたちに対しても、用事ができたときや、たまにはストレスや不安から解放されて気分転換したいと思ったようなときに、一定の時間、保育サービスが利用できるといった公的な支援があってもいいのではないでしょうか。

そうしたことも含めて保育施設を増やすことは必要ですが、さらに進んで、子どもの発達段階に照らし合せて母親をとくに必要とする時期は、**「お母さんが自分の子どもを自分で育てられる」**ように政治的、社会的に支援できる環境づくりも推進してほしいところです。子育ての主体はあくまでも親にあり、手助けを必要とするときにはいつでも、専門の施設が利用できるというのが、あるべき姿なのですから。

その意味で、お母さんたちが集まり、お互いの特技をいかして子どもたちにピアノや造形、ダンスなどを教える「家庭保育園」を開設したり、またインターネットを駆使して、母親たちが相互に情報を交換したり集いを開催したりと、個人のレベルでも、子育てを支援し合う動きが出てきているのは、頼もしいかぎりです。

スウェーデンは女性の社会進出が世界でもっとも進んだ国の一つであり、就学前の子どもをもつ女性の労働力率も約8割に達しており、それをバックアップする政治的・社会的サポートが確立されています。父親と母親が最低30日ずつ育児休業を取ることが義務づけられていますし、育児休業期間中の所得保障制度として、医療保険から支給される両親手当てがあり、8歳未満の子どもについては、360日まで従前賃金の80パーセントが支給されます。さらに、育児休業があけると、再就職の道が開かれています。

スウェーデンでは、子どもが1歳になるまでは育児休業により家庭で親が育て、その後就学までは種々の保育サービスを利用するのが一般的です。経済的にも将来的にも憂慮することなく安心して、子育てに集中しやすい制度が整っているわけです。それだけに、高学歴・高収入の女性の出産率が高いのも、スウェーデンの大きな特徴の一つです。

日本でも、子育てを大切に考える社会制度や教育制度が十分に整備されるように、親の立場からも積極的に声を出し、働きかけていくことが大切だと思います。

思春期の子どものためのスクールカウンセラーや相談施設、医療機関の充実なども、速やかな実現を目指してもっと声高に要求すべき課題であると考えられます。また、少子化の影響がどれほど深刻であるのか、労働人口の問題としてだけでなく、家族のあり方や豊かな人間性の育成というレベルでも国民一人ひとりが本気で考えるときだと思います。

★子育てこそ最高の事業

いまから約46億年前に地球が誕生し、約600万年前に人類が誕生し、そして約15万年前に現代型ホモ・サピエンスへと進化し現在に至っています。私たちがこの世に誕生したことは、綿々とつづいてきた人類の歴史に連なったということであり、また子どもを授かったことは、さらにその歴史を断ち切ることなく続行させるということです。こうして、人類史という壮大なドラマに関与することは非常にエキサイティングな出来事です。

生物学的にいえば、私たちが生まれてきた最大の役目はまさしく、子どもを産み、育て、次世代に継ぐことにほかならないわけです。その意味で、子育てこそ、最高の事業といって過言ではないでしょう。社会全体にとってもまったく同じだと思います。

愛する人との間に授かった子どもは文字どおり、愛の結晶であり、その子どもを育てるというのは、最高に幸せなことであり、ワクワクする楽しい創造的行為でもあります。そして、愛する人の子を授かったという幸せ感を味わうことにより、子どもを可愛いと思い、この子どものためなら死んでもいいという気持ちさえ生まれてくるでしょう。

子どもの保育・教育の究極の目的はズバリ、人間形成です。親は、子どもをどのような人間に育ててゆきたいかという育児・教育観を確立し、それに基づいて、正しい判断力や創造性、豊かな情操や強い意志力を育成していきます。その実践を通して親は、生きる励みや夢をもち、人間としての大きな誇りを体得することもできるのです。

子どもはみんな素晴らしい大人になれるのですから、親として、その世界の最高の舞台に立つ日に備えて、上等な衣装を用意しておくぐらいの夢をもつのも楽しいことです。

しかし、子育てはなかなか思いどおりにいかないというのも現実です。それでも子育てには「失敗」という文字はありません。あるのは、すべてが人間としての成長に役立つ「体験」になっていくということだけです。必要なのは、問題が生じたときに生半可な気持ちで逃げずに、命懸けで真剣に対処し、その姿勢を継続することです。

「継続は力なり」という言葉がありますが、子育てにおいてもそのとおりだと思います。こんな話があります。ある人が御殿様から褒美《ほうび》をつかわされることになりましたが、それに対してこの人は、「向こう30日間、毎日、米を1粒から始めて、倍々でいただきたい」と所望しました。すると、図6-1にあるように、日にちを重ねることで25日目から急勾配《こうばい》で増加し、30日目には何と、5億3687万912粒となったのです。子どもに対するときもまったく同じです。すぐには結果が出なくても、継続して努力を重ねることで、いつの日かこの急勾配の前進をみることになるはずです。

ですから、子育てにおいても、自分を信じ子どもを信じて、3日、3週間、3カ月とあきらめずに粘り強く頑張ることが大切です。その子がいなければ、学ぶことのできなかった〝人生の教科書〟を親子で1冊ずつ修了していくのです。

これまでの経済至上主義は能率や合理性を重視するもので、それが家庭の場にまでもち込まれ、子どもに対しても一定の規準を満たさなければ〝腐った果実〟として見捨てる風潮がありました。子どもが問題を起こすことが右肩上がりで増加をつづけ、しかも深刻化している背景には、感性より知性、心よりお金や物を重視する偏った人格無視の価値観のあることがうかがえます。

子どもの心をより豊かに育てあげ、一人ひとりの人間を重んじる、ゆとりある社会をつ

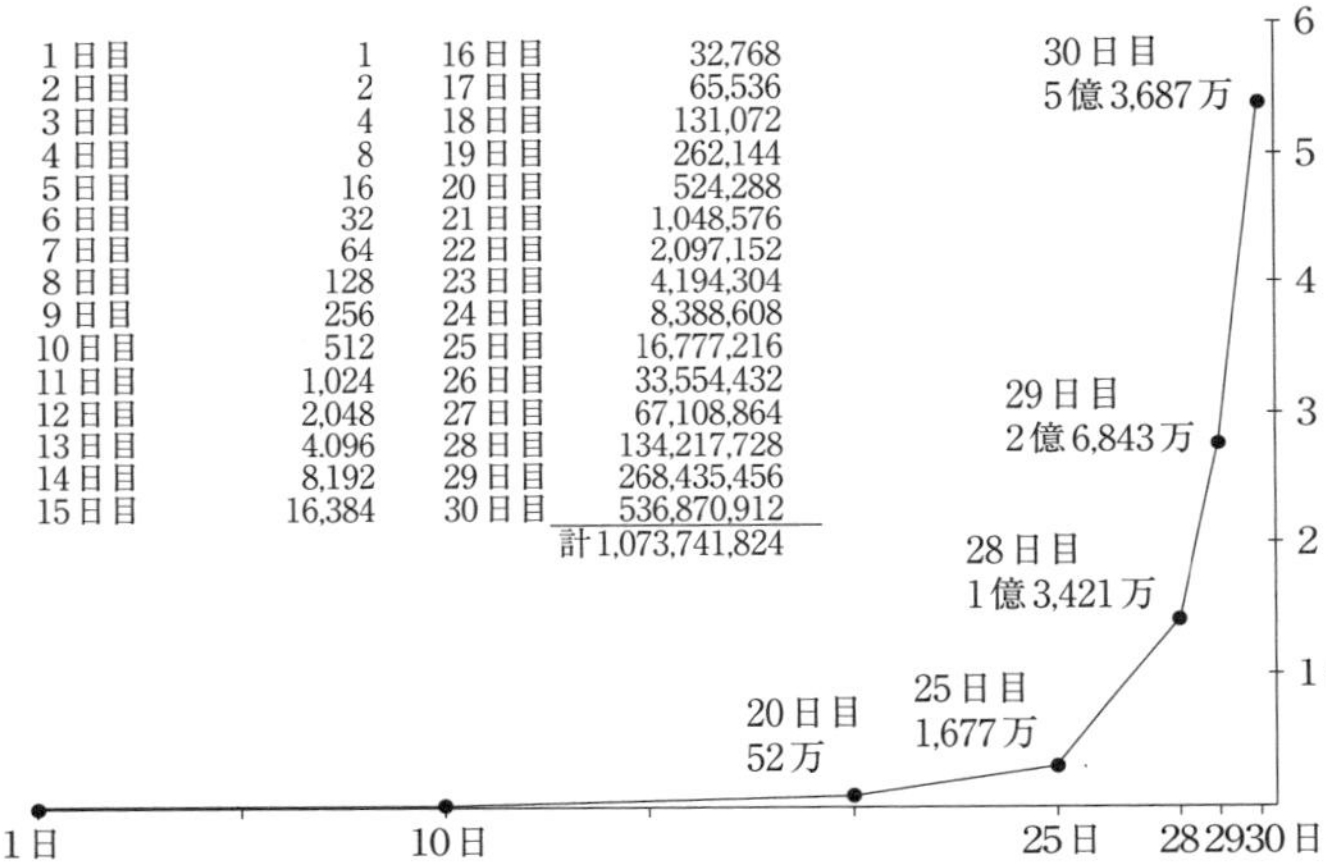

1日目	1	16日目	32,768
2日目	2	17日目	65,536
3日目	4	18日目	131,072
4日目	8	19日目	262,144
5日目	16	20日目	524,288
6日目	32	21日目	1,048,576
7日目	64	22日目	2,097,152
8日目	128	23日目	4,194,304
9日目	256	24日目	8,388,608
10日目	512	25日目	16,777,216
11日目	1,024	26日目	33,554,432
12日目	2,048	27日目	67,108,864
13日目	4.096	28日目	134,217,728
14日目	8,192	29日目	268,435,456
15日目	16,384	30日目	536,870,912
			計1,073,741,824

図6-1　一文倍増三十日

くるために、21世紀を迎えたいまこそ、社会全体がもっと子育てに関心をもち、支援するような環境づくり、意識改革が求められていると思います。

子どもたちが大切なものを失う前に、それを予防できる環境づくりが必要ですし、子どもがいきいきと元気にあふれ将来に夢をもって、自分なりの個性を伸ばしていけるように、大人は子どもと向き合い、導いてあげてほしいと思います。子どもほど可能性に満ちた素晴らしい存在はないのですから。

最後に、子育て真っ最中の親御さんに、「親であることほど素晴らしいことはありません！」「お母さん！　お父さん！　大志を抱いて！」とエールを送らせていただきます。

おわりに

子どもを取り巻く環境というのは、時代とともに大きく変化します。

マクロの世界における世界的な変動が、メゾの世界におけるマスコミとか教育に影響を及ぼします。さらにミクロの世界において私たちの家庭にも影響してきます。とくに今の時代は、マクロの世界の変動による影響がミクロの世界にある家庭に瞬時に及びます。

しかし、どんな時代が来ようと、人間の子どもは人間からしか生まれませんし、子どもが胎内にいる期間は280日です。どんなスピードアップされた世の中になっても、1日も縮まることはありません。誕生して歩く状態になるのに1年近くかかるのも同じです。

乳幼児期、学童期といった子どもの成長・発達の原則も不変で、それぞれの時期に人間形成に大事な課題がクリアされないと、思春期に問題が起こります。子どもが育つための基本を疎かにしてしまうのはとても残念なことです。

少子化時代の子育てと、いままでの子育てに大きな違いがあるようにいわれていますが、子育ての基本はいつの時代にも普遍的な真理に基づいてなされていくべきものだと思います。

とくに豊かな愛情で命を育むというのが森羅万象の原理といえます。

ただ、少子化の時代、核家族の時代にあっては、基本的な育児の常識や小児期の発達、発育がどのような経過をたどるものなのかといった知識を、何かのかたちで若い世代に伝える責任を感じていました。

私が三人の子育てをしながら一小児科医として生きてきた過程のなかで、これだけは絶対に大切なことと自ら感じたことを、ぜひとも三人の子どもたちにも知っておいてほしいという気持ちで、この本を書かせていただきました。

一歳六カ月になる初孫を抱きながら、小さな命が育っていく神秘的な過程をもう一度この目で確かめるチャンスが与えられたことに感謝しています。

双子で生まれた私どもがいつまでも「心の友」でいられるようにと願って愛子、慶子と名付けてくれた両親や「心の友」でありつづけられるように大きな力でサポートしつづけてくれた二人の夫、高橋康浩、木村聰に深く感謝いたします。

出版社の方々の絶大なご尽力に改めて心から厚く御礼申し上げます。

平成二十七年十月

木村慶子

思春期の子どもたちの事件がニュースで取り上げられることもますます増えています。子どもたちの心の中が怒りでいっぱいになっていることを感じます。それは人間が生きる土台である宇宙の法則にも反します。もっと早く気持ちを汲みとってあげることができていれば、自分の未来に希望や安心感を持たせてあげることができていれば、と思うばかりです。

少子高齢化が進む今の時代、考え方を変えれば、もっと一人ひとりの子どもに日本人として生きる喜びを伝え、たっぷりと愛情を注いで育てる機会に恵まれているともいえるのです。本書がそのために活用されることを願ってやみません。

今回も、前著『頭がいい親の13歳からの子育て』の改訂版として姉といっしょに本書を誕生させることができました。結婚後、姉と私は違う道を歩み、それぞれにひたむきに生きてきましたが、このような機会に思いをひとつにして上梓できましたのは、まさしくサッカーのゴールを決めたときのような、うれしい気持ちです。

最後に、予定を大幅に遅らせるなか、辛抱強く支えてくださったコスモ21の杉山隆氏、山崎優氏に心からお礼を申し上げるとともに、日本の全国各地で応援してくださる皆さまに心より感謝致します。

平成二十七年十月

高橋　愛子

参考文献

『第二の誕生』（岩波書店）日比逸郎
『特集―思春期の医療』（小児内科、１９９７、渡辺久子）
『変容する家族と子ども』（教育出版、渡辺秀樹編、斉藤学）
『青年期の精神医学』Bros.P.（誠信書房）
『児童精神医学の基礎』Barker.p.
『コーパレート・レーダー』カール・アルブレヒト（日本経済新聞社）
『マインデックスブックレット』（マインデックス・ジャパン）
『勇気づけで生きる』岩井俊憲著（ヒューマン・ギルド出版部）
『交流分析－ＴＡ－』日本ＴＡセンター（早稲田教育出版）
Childhood and Society.(Erikson,E.H.,New York.1968)
An Outline of Piagetɪs Developmental Psychology.(Beard,R.M.,London,1969)
The making and breking of emotional bonds.(Bowlby.J.,British Journal of Psychiatry,1977)
The Family and Individual Development.(Winnicott,D.W.,1965)

■木村慶子（きむらけいこ）

昭和13年東京生まれ。高橋愛子とは双子姉妹の姉。慶應義塾大学医学部卒業。医学博士。元慶應義塾大学教授。三女の母親。平成３年から１年間、ドイツ・ケルン大学医学部小児思春期精神神経科に客員教授として留学。現在、「子どものための心と体の予防医学センター」所長。各種医学専門誌に文献掲載多数。

■高橋愛子（たかはしあいこ）

昭和13年東京生まれ。三男一女の母親。慶應義塾中等部から慶應義塾大学経済学部卒業。昭和58年に「高橋愛子家庭教育研究所」を設立。家族が笑顔を取り戻す「心の相談室」を主宰。引きこもりや家庭内暴力等にも取り組む。家庭学級、保育園、学校、各種団体、企業等で教育講師、講演者として活躍。『たけしの日本教育白書』『太田光の私が総理大臣になったら』などＴＶ主演も多数。主な著書に『頭がいい親の上手な叱り方』（コスモ21）『甘えさせると子どもは伸びる』（PHP新書）他がある。
http://www.aiko-katei.com/

改訂版　頭がいい親 13歳からの子育て

2015年11月10日　第1刷発行

著　者――――木村慶子・高橋愛子

発行人――――杉山　隆

発行所――――コスモ21
〒171-0021　東京都豊島区西池袋2-39-6-8F
☎03（3988）3911
FAX03（3988）7062
URL http://www.cos21.com/

印刷・製本――三美印刷株式会社

定価はカバーに表示してあります。

ISBN978-4-87795-327-0 C0037